ଭୋକ

ଭୋକ

ଡ. ରମେଶ ପ୍ରସାଦ ମହାନ୍ତି

ବ୍ଲାକ୍ ଈଗଲ୍ ବୁକ୍ସ
ଭୁବନେଶ୍ୱର, ଓଡ଼ିଶା

BLACK EAGLE BOOKS
Dublin, USA

ଭୋକ / ଡ. ରମେଶ ପ୍ରସାଦ ମହାନ୍ତି
ବ୍ଲାକ୍ ଇଗଲ୍ ବୁକ୍‌ସ : ଭୁବନେଶ୍ୱର, ଓଡ଼ିଶା ● ଡବ୍‌ଲିନ୍, ଯୁକ୍ତରାଷ୍ଟ୍ର ଆମେରିକା

BLACK EAGLE BOOKS

USA address:
7464 Wisdom Lane
Dublin, OH 43016

India address:
E/312, Trident Galaxy, Kalinga Nagar,
Bhubaneswar-751003, Odisha, India

E-mail: info@blackeaglebooks.org
Website: www.blackeaglebooks.org

First International Edition Published by
BLACK EAGLE BOOKS, 2022

BHOKA
by **Dr. Ramesh Prasad Mohanty**

Copyright © **Ramesh Prasad Mohanty**

All rights reserved. No part of this publication may be reproduced, stored in a retrieval system, or transmitted, in any form or by any means, electronic, mechanical, photocopying, recording or otherwise without the prior permission of the publisher.

Cover & Interior Design: Ezy's Publication

ISBN- 978-1-64560-093-0 (Paperback)

Printed in the United States of America

ଭୋକର ଭୂଗୋଳ:
ଆତ୍ମୀୟତାର ହସ୍ତାକ୍ଷର

କବିତ୍ୱ ଏକ ଦୁର୍ଲଭ ଶକ୍ତି। ଏହା ଯେତେବେଳେ ଅବତରଣ କରେ ସାଧାରଣ ମଣିଷ ଅସାଧାରଣ ପାଲଟିଯାଏ। ଏହି ଶକ୍ତି ବଳରେ ସମଗ୍ର ଜୀବଜଗତରେ କଳାପ୍ରାଣତା, କଳ୍ପନା ପ୍ରବଣତା ଚିରଜାଗ୍ରତ ରହିଛି। ସଂସ୍କୃତି ତଥା ସଭ୍ୟତାର କ୍ରମ ଉତ୍ତରିତ ପଥ ଆହୁରି ଉଜ୍ଜ୍ୱଳ ଦିଶୁଛି।

ବ୍ୟାସ, ବାଲ୍ମିକୀ, ହୋମର, ଚସରଙ୍କଠାରୁ ଆଜିଯାଏ ଅସଂଖ୍ୟ କବି ଜନ୍ମ ନେଇଛନ୍ତି। ସେହି ଅକ୍ଷର ବ୍ରହ୍ମଙ୍କ ଆଶୀର୍ବାଦରୁ ମହାକାଳ ବକ୍ଷରେ ସେମାନଙ୍କ କୃତିତ୍ୱ ଭାସ୍ୱର ରହିଛି। ଦିନେ ବେଦକୁ ଶୁଣି ଶୁଣି ମନେ ରଖିବାକୁ ହେଉଥିଲା ବୋଲି ବେଦର ଅନ୍ୟନାମ 'ଶ୍ରୁତି'। ପୁଣି ଲିପି ଆବିଷ୍କାର ହେଲା। ମୁଦ୍ରାଯନ୍ତ୍ର ଆସିଲା। ସାହିତ୍ୟ ସୃଷ୍ଟିକୁ ଦୀର୍ଘସ୍ଥାୟୀ କରିବା ଓ ଅତୀତକୁ ବର୍ତ୍ତମାନ ସହିତ ଯୋଡିବାର ପ୍ରକ୍ରିୟା ଆରମ୍ଭ ହେଲା। ପୁଣି ଆସିଲାଣି ଡିଜିଟାଲ ଯୁଗ। ଆଉ କାଗଜ କଲମ ଲୋଡା ପଡିବନି। ଏଭଳି ଦ୍ରୁତ ପରିବର୍ତ୍ତିତ ସମୟରେ ବିଶିଷ୍ଟ ନୃତତ୍ତ୍ୱବିତ୍ ଗବେଷକ ଡକ୍ଟର ରମେଶ ପ୍ରସାଦ ମହାନ୍ତିଙ୍କର ପ୍ରଥମ କବିତା ସଂକଳନ ପ୍ରକାଶିତ ହେଉଛି। ଏହା ଓଡିଆ କାବ୍ୟଜଗତ ପାଇଁ ଆଶା ଓ ଆଶ୍ୱାସନାର କଥା।

ଏହି ସଂକଳନର ଶୀର୍ଷକ 'ଭୋକ', ଯେଉଁଥିରେ ୫୨ ଟି କବିତା ସଂକଳିତ ହୋଇଛି। ଭୋକ ଅଛି ବୋଲି ତ ସଂସାର ଚାଲିଛି। ଏହି ଭୋକ ସଭ୍ୟତାକୁ କର୍ମପ୍ରବଣ କରି ରଖିଛି। ଦେହ, ମନ, ଆତ୍ମା ଏପରିକି କଳାପ୍ରାଣତାର ଭୋକ ରହିଛି। ଏହି ସଂକଳନର କବିତା ଗୁଡିକରେ ତାହା ସ୍ପଷ୍ଟ।

ଅଭାବୀ ମଣିଷର ଜୀବନଯାତ୍ରାର ଆସୁମାରୀ ଦୁର୍ଭୋଗ, ଧନୀକର ଆହୁରି ଧନ ସଂଚୟ ପାଇଁ ପ୍ରାଣମୂର୍ଚ୍ଛା ଦଉଡ, ପାରିବାରିକ ଜୀବନ କ୍ରମେ ହୁଗୁଳା ହୋଇଯାଉଥିବା ସଂପର୍କର ଗଣ୍ଠି, ସରଳ ଗ୍ରାମ୍ୟଜୀବନ ପାଇଁ ସ୍ରଷ୍ଟା ପ୍ରାଣର ବ୍ୟସ୍ତତା, ପିତୃପୁରୁଷର ତ୍ୟାଗକୁ ସ୍ୱୀକାର କରିବାର ମାନସିକତା ଏଗୁଡିକରେ ଲକ୍ଷ୍ୟ କରାଯାଏ ।

ପିଲାଦିନର ସ୍ମୃତିକୁ ମନେ ପକାଇ ଏକ କବିତାରେ କବି ତାଙ୍କ ବାଲ୍ୟାବସ୍ଥାର ପରିଜନ ଏବଂ ଗାଁ ମମତାମୟୀ ମାଆ ମାନଙ୍କୁ ଖୋଜିଛନ୍ତି କିନ୍ତୁ ସେମାନଙ୍କ ମଧ୍ୟରୁ ଆଉ କେହି ବି ହେଲେ ଜୀବିତ ନାହାନ୍ତି । ସେମାନଙ୍କ ସହିତ ସେତବେଳର ସ୍ୱଚ୍ଛ ଭଲପାଇବା, ଆତ୍ମୀୟତା ଏବଂ ନିଜରପଣିଆ ମଧ୍ୟ ଲିଭିଯାଇଛି ।

ଅଭାବରୁ ଝିଅଟିଏ ଭୁଲ୍ ବାଟରେ ପାଦଦିଏ । ତାକୁ ଶୋଷଣ କରୁଥିବା ସମାଜପତିମାନେ ତା'ର ସନ୍ତାନକୁ ଘୃଣା କରନ୍ତି ମାତ୍ର ଭାଷଣରେ ଆଶ୍ୱାସନାର ବାକ୍ୟ ଶୁଣାନ୍ତି ।

ଗ୍ରାମ୍ୟ ଜୀବନର କାନ୍ଦଣା, ସବାରୀ ପାଲିଙ୍କି, ମୁଢ଼ିଘାଂଟ, ତଳେ ପତ୍ର ପକାଇ କ୍ଷିର ପିଠା ଖାଇବା, କଂସାରୀ, ତେଲି, ବଣିଆ, ଚକୁଲିଆ ପଣ୍ଡା, ଧୁଡୁକି ନାଚ, ଝଲଘର, ଆଟୁଘର, ବାଉଁଶ ଦୋଳି, ମୁଢ଼ି ନଡିଆ, ଶଗଡ, ହାଣ୍ଡି, ବଣା, ମାଠିଆ ପ୍ରଭୃତି ଗ୍ରାମର ଐଶ୍ୱର୍ଯ୍ୟକୁ କବି ସ୍ମୃତିର ସଂଖାଳି କରିଛନ୍ତି । 'ହଜିଲା ବାସ୍ନା ମୋ ଗାଁର' ପାଲଟିଛି ଓଡିଶାର ଅଗଣିତ ପାରମ୍ପରିକ ଗ୍ରାମର ପ୍ରତିନିଧି । ସେମିତି ପିତୃଶ୍ରାଦ୍ଧ ପାଇଁ ଆଡମ୍ବର ନକରି ତଥାକଥିତ ବିଧିବିଧାନରେ ଅପବ୍ୟୟ ନକରି ଜୀବିତାବସ୍ଥାରେ ପିତାଙ୍କ ସୁଖ ସୁବିଧା ପାଇଁ ବ୍ୟୟ କରିବାର ଯଥାର୍ଥତା ତାଙ୍କର ବିଜ୍ଞାନଭିତ୍ତିକ ଯୁକ୍ତିସଂଗତ ମାନସିକତାର ପରିଚୟ ଦେଇଥାଏ ।

ବାପା ମାନଙ୍କର ଜୀବନବ୍ୟାପୀ ତ୍ୟାଗର ଫଳ ପିଲାଏ ଭୋଗ କରନ୍ତି ମାତ୍ର ଆଜିର ଉଚ୍ଚଶିକ୍ଷିତ ସନ୍ତାନ ବିଦେଶରେ ନାଗରିକତ୍ୱ ନେଇଯାଏ ଓ ଫୋନ୍ କରି କହେ -

"ହଁ ବାପା ଜାଣି ରଖ
ଏଠି ବୁଢ଼ା ବାପା ବୋଉଙ୍କ ସ୍ଥାନ
ବିବାହିତ ପୁଅ ପାଖରେ ନଥାଏ
ତୁମକୁ ଯଦି ଖାଉଁ ଖାଉଁ ଲାଗୁଛି"
ଚାରି ପାଂଚଟା ବୃଦ୍ଧାଶ୍ରମର ଠିକଣା ପଠାଇ ଦେଉଛି
ସାଇତି କି ରଖିବ, ମୋତେ ହଜେଇବନି
ଆଜି ନହେଲେ କାଲି ତୁମ କାମରେ ନିଶ୍ଚୟ ଆସିବ"

(ଆତୁର ବାର୍ଦ୍ଧକ୍ୟ, ସ୍ତବ୍ଧ ମୃତାତ୍ମା)

ଏ କବିତା ଗୁଡ଼ିକ ଭିତରେ କରୋନା ଶୀର୍ଷକ ତିନୋଟି କବିତା ରହିଛି ଯେଉଁଠି ନିଃସଙ୍ଗତା, ସଂଗରୋଧ, ଅକାଳ ମୃତ୍ୟୁ ଏପରିକି ଶ୍ମଶାନରେ ସ୍ଥାନାଭାବ କଥା କୁହାଯାଇଛି । ଅନ୍ୟ ଅର୍ଥରେ ଏହି ଭୟଙ୍କର ମହାମାରୀର ତିନୋଟି ପ୍ରମୁଖ ଲହର ସମୟରେ ସମଗ୍ର ମାନବ ସମାଜ କିପରି ଜୀବନ ବଂଚାଇବା ପାଇଁ ଛଟପଟ ହେଉଥିଲା ତାହା ସେ ଖୁବ୍ ନିଖୁଣ ଭାବରେ ଦର୍ଶାଇଛନ୍ତି । ଗାନ୍ଧିଙ୍କ ସଂପର୍କରେ ଏକାଧିକ କବିତା ଅଛି । ଗାନ୍ଧି ବା ଗାନ୍ଧିବାଦ କେଉଁଟାକୁ ବି ଆମେ ବୁଝି ପାରିଲୁ ନାହିଁ ବୋଲି ସେ କ୍ଷୋଭ ପ୍ରକାଶ କରିଛନ୍ତି । କବି ଯୋଜନାରେ ତ୍ରୁଟି, ଗ୍ରାମସ୍ୱରାଜ୍ୟ ସଂରକ୍ଷଣ ଅବସ୍ଥା ଠାରୁ ଟଙ୍କିକିଆ ଚାଉଳ କଥା କୁହନ୍ତି । କୁହନ୍ତି ବନବାସୀଙ୍କର ଦୁଃଖ କାହାଣୀ । ଏଥିସହିତ ତୁର୍କୀ, ସିରିଆର ଯୁଦ୍ଧ, ପରମାଣୁ ବୋମା ପ୍ରଭୃତି ମଧ୍ୟ ତାଙ୍କ କବିତ୍ୱର ବଳୟ ଭିତରେ ଧରା ଦେଇଛନ୍ତି ।

'ପ୍ରତିଦାନ' କବିତାରେ ସେ କହିଛନ୍ତି ସମାଜ ଆମକୁ ତିଆରି କରିଛି ଏବଂ ଆମେ ପ୍ରତିଦାନ ସ୍ୱରୂପ ତାକୁ କିଛି ନା କିଛି ଫେରାଇବାକୁ ପଡିଲେ ଆମକୁ ଲମ୍ବା ଦଉଡ ମାରିବାକୁ ପଡିବ । କବିତା ମଧ୍ୟରେ ଏପରି ଚିନ୍ତନ ଖୁବ୍ କମ୍ କବି ମାନଙ୍କ ମଧ୍ୟରେ ଦେଖିବାକୁ ମିଳେ । ଶେଷ କବିତା 'ଶୁଭକାମନା'ରେ କବି କ୍ଷୋଭ ପ୍ରକାଶ କରି କହିଛନ୍ତି –

ବଦଳିଛି ସମୟ
ବର୍ଷ ମାସ ଦିନ ଦଣ୍ଡ
ଆସିଛି ଅନେକଥର ନୂଆବର୍ଷ
ପୁରୁଣା ହୋଇଛି କ୍ୟାଲେଣ୍ଡର ପରେ କ୍ୟାଲେଣ୍ଡର
ତୁମେ ମୋ ପାଇଁ ଶୁଭ ମନାସିଛ
ମୁଁ ବି ତୁମପାଇଁ ଶୁଭ ମନାସିଛି
କିନ୍ତୁ କାହିଁ ଏଯାଏଁ ତ
ଯୁଦ୍ଧର ଅବସାନ ଘଟିନି

ଅର୍ଥାତ୍ ଆମେ କହିବା ଏବଂ ତଦନୁସାରେ କାର୍ଯ୍ୟ କରିବା ମଧ୍ୟରେ ଲୁଚି ରହିଥିବା କୁମାନସିକତା ଯୋଗୁଁ ସମାଜ କିପରି ଯଥୋଚିତ ଅଗ୍ରଗତି କରିପାରୁନାହିଁ ସେହି ଭାବନାକୁ କବି ଏଠାରେ ଦର୍ଶାଇଛନ୍ତି ।

ଅଇଁଠା ପତରୁ ଭାତ ଗୋଟେଇ ଖାଉଥିବା ମଣିଷ ଓ କୁକୁରଙ୍କର ଏକତ୍ର ଉପସ୍ଥିତି ରମେଶ ପ୍ରସାଦଙ୍କୁ କବି ସଜାଇଛି । ତାଙ୍କ ଚେତନାରେ ବିସ୍ଫୋରଣ ଘଟିଛି ।

ତେଣୁ ଭୋକର ଭୂଗୋଳ ଖୋଜିବାକୁ ସେ ପାଠକ ମାନଙ୍କୁ ଅନୁରୋଧ କରିଛନ୍ତି। ବ୍ୟକ୍ତିଗତ ଜୀବନ ଠାରୁ ଗୋଷ୍ଠୀ ଜୀବନ, ଗ୍ରାମ୍ୟ ଜୀବନ ତଥା ପାରିବାରିକ ଜୀବନର ଗୁରୁତ୍ୱ ଏ କବିତା ଗୁଡ଼ିକରେ ଅଧିକ। କବି ଯାହା ଚହିଁଛନ୍ତି ସ୍ୱଷ୍ଟ କରିଛନ୍ତି। ଏପରିକି ରାଜନୀତିକୁ କଟାକ୍ଷ କରିବାକୁ ସେ ଭୁଲି ନାହାନ୍ତି। ସବୁ ଭିତରେ ମଣିଷପଣିଆର ସୁବାସ ତାଙ୍କୁ ସହାନୁଭୂତିସିକ୍ତ କରିଛି। ଅନୁଭୂତି ନଥିଲେ ସହାନୁଭୂତି ଗଭୀର ହୁଏ ନାହିଁ, ଏହା ପରୀକ୍ଷିତ ସତ୍ୟ - ସେହି ସହାନୁଭୂତି ଏ କବିତା ସଂକଳନର ମଞ୍ଜରେ ଅବସ୍ଥିତ। ଅନେକତ୍ର ସରଳ ସୁକୁମାର ଗ୍ରାମ୍ୟ ଭାଷାର ଭାବମୟ ପ୍ରୟୋଗ ମଧ୍ୟ ଆକର୍ଷଣୀୟ। ଏହି ସଂକଳନ କବିଙ୍କର ପ୍ରଥମ କବିତା ସଂକଳନ ମାତ୍ର ପୁନର୍ବାର ଆହୁରି ସୁନ୍ଦର ସୁଗଠିତ ପ୍ରାଣମୟ କବିତାମାନ ସେ ରଚନା କରିବେ, ଏହି ଆଶା ସହିତ ପୁସ୍ତକଟିର ବହୁଳ ପ୍ରସାର କାମନା କରୁଛି।

ସଂଘମିତ୍ରା ମିଶ୍ର

ନିଜ କଥା

କେଉଁଠୁ ଆରମ୍ଭ କରିବି ତା' ମୁଁ ଜାଣିନି। କିନ୍ତୁ ଏହା ମୁଁ ନିଶ୍ଚୟ କହିବି ଯେ ମୁଁ ଜଣେ ନୃତତ୍ତ୍ୱର ଗବେଷକ ଏବଂ ବିଭିନ୍ନ ସାମାଜିକ ସମସ୍ୟା ଉପରେ ଗବେଷଣା କରେ ଓ ସନ୍ଦର୍ଭ ମାନ ରଚନା ଓ ଉପସ୍ଥାପନା କରେ । ଏହି ସନ୍ଦର୍ଭ ଲେଖିବା ଓ ଉପସ୍ଥାପନା କରିବା ମଝିରେ ମଝିରେ ସମୟ ଓ ସ୍ଥାନ ନିର୍ବିଶେଷରେ ମୋତେ ବେଳେବେଳେ କବିତା ଲେଖିବା ମାଡ଼ି ବସେ ଏବଂ କିଛି ସମୟ ପରେ ଗବେଷଣା ଭିତରକୁ ପୁଣି ମନ ଫେରିଯାଏ। ଏହି କାରଣରୁ ଖୁବ୍ ଅଳ୍ପ କେତୋଟି କବିତା ପୂର୍ଣ୍ଣ ରୂପେ ଜନ୍ମ ନେଇପାରୁଥିବା ବେଳେ ଅନେକ କବିତା ଅଧା ଗଢ଼ା ହୋଇ ରହିଯାଉଥିଲେ। ସମୟ ଓ ସ୍ଥାନ ନିର୍ବିଶେଷରେ ଏ ସବୁ କବିତା ଗୁଡ଼ିକ ଆର୍ବିଭୂତ ହେଉଥିବାରୁ ଏଗୁଡ଼ିକ କୌଣସି ଏକ ଖାତାରେ ଦେଖାଯାଉ ନଥିଲେ ବରଂ ଏମାନେ କେତେବେଳେ ଜନ୍ମ ନିଅନ୍ତି କୌଣସି ଏକ ନୋଟ୍ ଖାତାର ପଛପଟେ ତ ଆଉ କେତେବେଳେ ଦୈନିକ ଖବର କାଗଜର ଶୂନ୍ୟ ସ୍ଥାନରେ। ଏପରିକି ରାସ୍ତାରେ ଦୁଇ ଚକିଆ ଚଳାଉଥିବା ବେଳେ କୌଣସି ଏକ କବିତାର ରୂପରେଖ ମୋ ମନକୁ ଅକ୍ତିଆର କଲେ ତତ୍କ୍ଷଣାତ୍ ମୋ ଗାଡ଼ି ଅବାଟରେ ଠିଆ ହୁଏ ଏବଂ କଲମ ମୋର ଚାଲେ ପର୍ସ ଭିତରେ ଥିବା କୌଣସି ଏକ ଦସ୍ତାବିଜ ଉପରେ ଅଥବା କାଗଜ ଟଙ୍କାର ଫାଙ୍କା ଯାଗାରେ। ବେଳେବେଳେ ପାଖରେ ଯଦି କୌଣସି ପ୍ରକାର କାଗଜ ନଥାଏ ଏବଂ ମନରେ ହଠାତ୍ ଏକ କବିତାର ଛବି ଆସିଯାଏ କଲମ ମଧ୍ୟ ଚାଲେ ମୋ ଦେହର ଚମଡ଼ା ଉପରେ ଏବଂ ପରବର୍ତ୍ତୀ ସମୟରେ ସେଗୁଡ଼ିକ କାଗଜ ଦେହକୁ ସ୍ଥାନାନ୍ତରିତ ହୋଇଥାନ୍ତି। ଆଉ ବେଳେବେଳେ ରାତ୍ରିର ନିଘୋଡ଼ ନିଦ ମଧ୍ୟ ମୋର ହଠାତ୍ ଭାଙ୍ଗେ ଏବଂ ମୁଣ୍ଡ ପାଖରେ ଥିବା ଖବର କାଗଜ ପୃଷ୍ଠାରେ ମୋ କଲମ ଚାଲେ କିନ୍ତୁ ସେଇ କିଟିମିଟି ଅନ୍ଧାର ଭିତରେ। ତେବେ ଏମାନେ କୌଣସି ଏକ ନିର୍ଦ୍ଦିଷ୍ଟ ଖାତାରେ ଜନ୍ମ

ନଥିବାରୁ ସମୟର ପ୍ରଭାବରେ ଅନେକ ନଷ୍ଟ ହୋଇଯାଆନ୍ତି ତ ଆଉ କେତେକ ବହିପତ୍ର ସଜଡ଼ା ସଜାଡ଼ି ସମୟରେ ଆବିର୍ଭୂତ ହୋଇଥାନ୍ତି । ଏ ସବୁ ଏଠାରେ ଉଲ୍ଲେଖ କରିବାର ଅର୍ଥ ଏଇଆ ଯେ ମୁଁ କେବେହେଲେ ଜଣେ ପୋଖତ କବି ନୁହେଁ ବା କବିତା ଲେଖିବାକୁ ମୁଁ କେବେହେଲେ ପ୍ରାଥମିକତା ଦେଇନାହିଁ । ଯଦି ମୁଁ ଏଥିପାଇଁ ପ୍ରାଥମିକତା ଦେଇଥାନ୍ତି ବା ଜଣେ ପୋଖତ କବି ହୋଇଥାନ୍ତି ତେବେ ବୋଧହୁଏ ମୋର ପ୍ରତ୍ୟେକ ସୃଷ୍ଟି ଗୁଡ଼ିକ ଗୋଟିଏ ଗୋଟିଏ ସୁରକ୍ଷିତ ସ୍ଥାନରେ ନିଶ୍ଚେ ରହିଥାନ୍ତେ । ଅନ୍ୟ ଅର୍ଥରେ ମୋର ନିଜସ୍ୱ ଉପଲବ୍ଧିରୁ ଏହା ମଧ୍ୟ ମୁଁ କହିପାରେ ଯେ ଆମେ ଯେଉଁ ଗବେଷଣା ଜନିତ ସନ୍ଦର୍ଭ ବା ପୁସ୍ତକମାନ ବଜାରକୁ ଆଣିଥାଉ ସେଗୁଡ଼ିକ ମୋଟାମୋଟି ଭାବରେ ଉଚ୍ଚତର ଗବେଷଣା କରୁଥିବା ଛାତ୍ରଛାତ୍ରୀ ବା ଗବେଷକ ମାନଙ୍କ ପାଇଁ ଉଦ୍ଦିଷ୍ଟ ହୋଇଥିବାରୁ ସେସବୁର ବିଷୟବସ୍ତୁମାନ ସାଧାରଣ ଲୋକମାନଙ୍କ ଜାଣିବା ଜରୁରୀ ହୋଇଥିଲେ ମଧ୍ୟ ତାହା ସେମାନଙ୍କ ଗୋଚରକୁ ଆସିପାରି ନଥାଏ । ତେଣୁ ସାଧାରଣ ବ୍ୟକ୍ତି ବିଶେଷଙ୍କ ଗୋଚରକୁ ତୃଣମୂଳର କୌଣସି ଏକ ଘଟଣା ବା ସମୟୋପଯୋଗୀ ତଥ୍ୟମାନ ଆଣିବା ପାଇଁ କବିତା ଗୋଟିଏ ଉତ୍ତମ ମାଧ୍ୟମ ହୋଇଥିବାରୁ ଏହାରି ମାଧ୍ୟମରେ ସେଗୁଡ଼ିକୁ ଲୋକଲୋଚନକୁ ଆଣିବା ଓ ସଚେତନତା ସୃଷ୍ଟି କରିବା ପାଇଁ ମୋର ମନ ସବୁବେଳେ ବ୍ୟାକୁଳ ହୋଇଥାଏ କିନ୍ତୁ ମୁଖ୍ୟ ଗବେଷଣା କାର୍ଯ୍ୟରେ ପ୍ରାୟତଃ ସବୁବେଳେ ବୁଡ଼ି ରହୁଥିବାରୁ ଏହା ସମ୍ଭବ ହୋଇନଥାଏ । ଯାହାହେଉ ମୋର ସହଧର୍ମିଣୀ ଜଣେ ସାହିତ୍ୟିକା । ସେ କବିତା ଓ ଗଳ୍ପ ଇତ୍ୟାଦି ରଚନା କରନ୍ତି ଏବଂ ତାଙ୍କର ଏହି ଦିଗରେ ବିଶେଷ ଆଗ୍ରହ ଥିବାରୁ ଆମର ବିବାହ ପରଠାରୁ କୌଣସି ଏକ ସାହିତ୍ୟ ଅନୁଷ୍ଠାନକୁ ତାଙ୍କୁ ନେଇଯିବା ପାଇଁ ଅନେକଥର ସେ ମୋତେ ଅନୁରୋଧ କରନ୍ତି କିନ୍ତୁ ମୋର କାର୍ଯ୍ୟ ବ୍ୟସ୍ତତା ଯୋଗୁଁ ତାଙ୍କର ଏହି ଇଚ୍ଛାକୁ ମୁଁ ଯଥା ସମୟରେ ପୂରଣ କରିପାରେନାହିଁ ।

ବିବାହର ବହୁ ବର୍ଷ ପରେ ମୋର ଗବେଷଣା କାର୍ଯ୍ୟ ଟିକିଏ ଧିମେଇ ଗଲା ଏବଂ ତାଙ୍କର ଅନୁରୋଧକ୍ରମେ ଆମେ ଦୁଇଜଣ ଯାକ ଦିନେ ଗୋଟିଏ ସାହିତ୍ୟ ଅନୁଷ୍ଠାନରେ ପହଞ୍ଚିଲୁ । ଅନେକ କବି, କବୟିତ୍ରୀ, ଶ୍ରୋତା ଓ କେତେଜଣ ବିଶିଷ୍ଟ ଅତିଥିମାନଙ୍କର ସମାଗମ ସେଠି । ମୁଁ ସମ୍ମିଳନୀ କକ୍ଷର ପଛପଟ ଧାଡ଼ିରେ ବସିଲି । କବିତା ପାଠ ଚାଲିଲା । କେତୋଟି କବିତା ଶୁଣିଲା ପରେ ବେଳେବେଳେ ପଦାକୁ ଆସିଯାଏ ପୁଣି କକ୍ଷ ଭିତରକୁ ଯାଇ ବସେ । କବିତା ଶୁଣେ ଓ ବେଳେବେଳେ ଅତିଥିମାନଙ୍କ ମଧ୍ୟରେ ଚା' ବିସ୍କୁଟ ଇତ୍ୟାଦି ପରିବେଷଣ କରିବାରେ ଆୟୋଜକଙ୍କୁ ମଧ୍ୟ ସାହାଯ୍ୟ କରେ । ସହଧର୍ମିଣୀଙ୍କର କବିତା ପାଠ ସରିଗଲା ପରେ ମୋର ସନ୍ଦର୍ଭ

ଲେଖା କାର୍ଯ୍ୟକୁ ଆଗେଇନେବା ପାଇଁ ଘରକୁ ପଳାଇ ଆସିବାକୁ ମନ ଚଞ୍ଚଳ ହୁଏ କିନ୍ତୁ କୌଣସି ସଭାକାର୍ଯ୍ୟ ସମାପ୍ତି ହେବା ପୂର୍ବରୁ ସଭା ସ୍ଥଳକୁ ପରିତ୍ୟାଗ କରିବା ଏକ ସ୍ପୃହଣୀୟ କାର୍ଯ୍ୟ ହୋଇ ନଥିବାରୁ ଆମେ ଦୁହେଁ ସମ୍ମିଳନୀ ଶେଷ ହେବା ପର୍ଯ୍ୟନ୍ତ ସେଠାରେ ବସି ରହୁ। ଏହି ବସି ରହିବା କାର୍ଯ୍ୟଟି ମୋତେ ପ୍ରତ୍ୟେକ କବି ବା କବୟତ୍ରୀଙ୍କ କବିତାକୁ ପୂର୍ଣ୍ଣ ରୂପେ ଶୁଣିବାକୁ ସୁଯୋଗ ଦିଏ ଏବଂ ସେଇଠୁ ଗବେଷଣାରୁ ପ୍ରାପ୍ତ କେତେକ ତଥ୍ୟକୁ କବିତା ଆକାରେରେ ସଜାଇ ସାଧାରଣ ଲୋକଙ୍କ ଗୋଚରକୁ ଆଣିବା ପାଇଁ ମନ ମୋର ଚଞ୍ଚଳ ହୋଇ ଉଠେ। କିନ୍ତୁ ମୁଁ ତ ଜଣେ ଉତ୍ତମ କବି କେବେହେଲେ ନୁହେଁ। ତେଣୁ କେତେଦୂର ସଫଳ ହେବି ସେ ବିଷୟରେ ସନ୍ଦିହାନ ଥାଏ। ଯାହାହେଉ ପରବର୍ତ୍ତୀ ସମ୍ମିଳନୀ ପାଇଁ ମୁଁ କବିତାଟିଏ ସୃଷ୍ଟି କଲି ଏବଂ ତାହାକୁ ସମ୍ମିଳନୀରେ ପାଠ କରିବା ପାଇଁ ସମ୍ପାଦକଙ୍କ ପରାମର୍ଶ ଲୋଡ଼ିଲି। ସେ ଖୁସି ହେଲେ, ମୁଁ କିନ୍ତୁ ଥରିଲି...। ଥରିବା ସ୍ୱାଭାବିକ। କାରଣ କବି ମାନଙ୍କ ଗହଣରେ ମୁଁ ଜଣେ ଅକବି କବିତା ଶୁଣାଇବି...! ମୋ ପାଳି ଆସିଲା। ମୁଁ କବିତାଟିକୁ ଆବୃତ୍ତି କଲି। କରତାଳିରେ ମନ ମୋର ଭରି ଉଠିଲା ଓ ସେ ସାହିତ୍ୟ ଅନୁଷ୍ଠାନ ତଥା ଚନ୍ଦ୍ରଶେଖରପୁର ସାହିତ୍ୟ ସଂସଦର ସମ୍ପାଦକ ଶ୍ରୀ ବସନ୍ତ ମାଝୀ ମହୋଦୟ ମୋ କବିତାଟି ସେହି ଆସରରେ ଶ୍ରେଷ୍ଠ କବିତା ହୋଇଥିବାର ଘୋଷଣା କଲେ। ମୋତେ ଖୁସି ଲାଗିଲା ଏବଂ ପରବର୍ତ୍ତୀ ସମୟରେ ମୁଁ ଜଣେ ଗବେଷକ ହୋଇଥିବା ବେଳେ କବିତା ପ୍ରତି କିପରି ଆକୃଷ୍ଟ ହେଲି ଅବା 'ମୁଁ କାହିଁକି କବିତା ଲେଖେ' ସେ ବିଷୟରେ କିଛିଟା ଆଲୋକପାତ କରିବା ପାଇଁ କେତେକ ପ୍ରତିଷ୍ଠିତ ସାହିତ୍ୟ ଅନୁଷ୍ଠାନ ମୋତେ ମୁଖ୍ୟ ବକ୍ତା ହିସାବରେ ଆମନ୍ତ୍ରଣ କରିବା ଇତ୍ୟାଦି ପ୍ରେରଣାରୁ ଅଧିକରୁ ଅଧିକ କବିତା ରଚନା କରିବାର ଖୋରାକ ପାଇଲି।

ଯାହାହେଉ, ସେ ଦିନର ସେ କବିତାଟି ଗୋଟିଏ ଖୁବ୍ ମର୍ମସ୍ପର୍ଶୀ ଘଟଣା ଉପରେ ପର୍ଯ୍ୟବେକ୍ଷିତ ଥିଲା। ଉଣେଇଶ ଛୟାଅସି ମସିହା କଥା। ଭୁବନେଶ୍ୱର ସମନ୍ତରାପୁରରୁ ମୁଁ ବାଣୀବିହାରକୁ ଟାଉସ ବସ୍ ଯୋଗେ ଯିବା ଆସିବା କରେ। ପୁରୁଣା ବସ୍‌ଷ୍ଟାଣ୍ଡରେ ଓହ୍ଲାଇ ବାଣୀ ବିହାର ପାଇଁ ଅନ୍ୟ ଏକ ବସ ଧରିବାକୁ ପଡ଼େ। ଫେରିଲା ବେଳକୁ ମଧ୍ୟ ସେଇଆ। ଦିନେ ବାଣୀବିହାରରୁ ଘରକୁ ଫେରୁ ଥାଏ। ପୁରୁଣା ବସ୍‌ଷ୍ଟାଣ୍ଡ୍‌ରେ ଓହ୍ଲାଇଲା ବେଳକୁ ଦିନ ପ୍ରାୟ ତିନିଟା। ଗୋଟିଏ ଝୁପୁଡ଼ି ହୋଟେଲ୍, ନାଁ ତାର ଥିଲା – 'ଅମ୍ବିକା ହୋଟେଲ୍'। ତାର ପଛପଟେ ମୁଁ ଠିଆ ହୋଇଥାଏ। ହଠାତ୍ ସେ ହୋଟେଲର ପଛପଟ ଝରକାଟି ଖଡ଼୍ କିନା ଖୋଲା ହେଲା। ହୋଟେଲର ଜଣେ କର୍ମଚାରୀ ସେହି ଫାଟକ ଦେଇ ଗୋଟିଏ ଟୋକେଇରେ ଟୋକେଇଏ ବୋଝା

ହୋଇଥିବା ଅଇଁଠା ପତ୍ର ଭୂଷ୍‌କିନା ଅଜାଡ଼ି ଦେଲେ। ଅପେକ୍ଷାରତ ଚାରି ପାଞ୍ଚଟା ବୁଲା କୁକୁର ଧସେଇ ପଶିଲେ ଅଇଁଠା ପତ୍ର ଆଡ଼କୁ। ଖେଙ୍କରା ଖେଙ୍କରି ଓ କାମୁଡ଼ା କାମୁଡ଼ି ହେଲେ। ପରେ ପରେ ଧୀରେ ଧୀରେ ଗୋଟିଏ ଜାଗାରେ ସମସ୍ତେ ଖାଇବାକୁ ଲାଗିଲେ। ଇତିମଧ୍ୟରେ ଅନତି ଦୂରରୁ ଜଣେ ଜରାଜୀର୍ଣ୍ଣ ବ୍ୟକ୍ତି ସେଠାକୁ ଆସି କୁକୁର ମାନଙ୍କ ସହ ସେହି ଅଇଁଠା ପତ୍ର ଗଦାରୁ ମଧ୍ୟ ଖାଦ୍ୟ ସାଉଁଟି ଖାଇବାକୁ ଲାଗିଲେ। ଆଶ୍ଚାର୍ଯ୍ୟର କଥା ସେ ବ୍ୟକ୍ତିଙ୍କୁ ମଧ୍ୟ କୁକୁରମାନେ ଖାଇବାକୁ ସୁଯୋଗ ଦେଲେ। ଲୋମ ଟାଙ୍କୁରି ଉଠିଲା ମୋର। ଅବାକ୍ ମୁଁ। ଆମ ସମାଜରେ ପୁଣି ଏପରି ଭୋକିଲା ମଣିଷ ଥିବାର ଜୀବନରେ ସର୍ବପ୍ରଥମେ ଦେଖିଲି। ପଥର ମୂର୍ତ୍ତି ପରି ନିଶ୍ଚଳ ମୋ ଶରୀର। କେବଳ ସେଇ ଅଇଁଠା ପତ୍ର ଗଦା ଭିତରୁ କୁକୁର ଓ ମଣିଷଟିର ଭୋକ ମାରିବାର ଦୃଶ୍ୟକୁ ଅପଲକ ନୟନରେ ଚାହିଁ ରହି ଥାଏ ମୁଁ। ଏବେବି ପ୍ରାୟ ତିରିଶ ବର୍ଷ ପରେ ମୋର ସେ ଘଟଣାଟି ଜଳ ଜଳ କରି ମାନସପଟରେ ଭାସି ଯାଏ। ପ୍ରାୟ ପଇଁଚାଳିଶ ମିନିଟ ପରେ ସେ ଲୋକଟି ସେଠାରୁ ଖାଦ୍ୟ ଖାଇ ସାରିଲା ପରେ ପାଖରେ ଥିବା ଏକ କ୍ୟାବିନ ତଳେ ଶୋଇ ପଡ଼ିଲେ। ତାଙ୍କ ଉଠିବା ସମୟ ପର୍ଯ୍ୟନ୍ତ ମୁଁ ସେଠାରେ ଜଗି ରହିଲି। ପ୍ରାୟ ସନ୍ଧ୍ୟା ସାତଟା ପାଖାପାଖି ତାଙ୍କର ନିଦ ଭାଙ୍ଗିଲା। ମୁଁ ତାଙ୍କର ଏପରି ଅସହାୟତାର କାରଣମାନ ତାଙ୍କ ଠାରୁ ଜାଣିବାକୁ ଚେଷ୍ଟା କଲି। ସେ କିନ୍ତୁ, ବିଶେଷ କିଛି ମୋତେ କହିପାରିଲେ ନାହିଁ। କେବଳ ଜୁଳୁଜୁଳୁ କରି ଅନାଉଥାନ୍ତି। ସେଦିନ ସନ୍ଧ୍ୟାରେ ତାଙ୍କୁ କିଛି ପଇସା ଦେଇ ସେଠାରୁ ଫେରିଲି ଏବଂ ପରବର୍ତ୍ତୀ ଦିନମାନଙ୍କରେ ସେ ବ୍ୟକ୍ତିଙ୍କୁ ଖୋଜି କିଛି କିଛି ସାହାଯ୍ୟ ମଧ୍ୟ କରେ। କିନ୍ତୁ ଘଟଣାଟି ମୋତେ ସବୁବେଳେ ଆନ୍ଦୋଳିତ କରୁଥାଏ। ମୁଁ ଭବିଷ୍ୟତରେ ରୋଜଗାରକ୍ଷମ ହେଲେ ଏ ବ୍ୟକ୍ତି ଜଣଙ୍କ ପାଇଁ କ'ଣ କ'ଣ କରିପାରିବି ମନେ ମନେ ସ୍ଥିର କରିବା ବେଳକୁ ସମୟର ପ୍ରଭାବ ଯୋଗୁଁ ମୁଁ ତାଙ୍କୁ ଆଉ ପାଏ ନାହିଁ ଏବଂ ମୁଁ ଧୀରେ ଧୀରେ ଘଟଣାଟିକୁ ମଧ୍ୟ ଭୁଲିଯିବାକୁ ବସେ। ଏହି ସମ୍ବେଦନଶୀଳ ଘଟଣାଟି ଉପରେ ମୋର ପ୍ରଥମ କବିତା – 'ଭୋକିଲା ଡାକୁଛି ଶୁଣ'।

ଏହି ସଂକଳନରେ ଯେତୋଟି କବିତା ସ୍ଥାନିତ କରାଯାଇଛି ସେଥିମଧ୍ୟରୁ ଅନେକ ବିଭିନ୍ନ ପତ୍ରପତ୍ରିକାର ପ୍ରକାଶ ପାଇସାରିଛି ଏବଂ ପ୍ରତ୍ୟେକଟିରେ ଅଥବା କବିତା 'ଭୋକିଲା ଡାକୁଛି ଶୁଣ' ହେଉ ବା 'କିନ୍ତୁ ମୁଁ କ୍ରୁଶବିଦ୍ଧ' ହେଉ ଅବା 'ପ୍ରତୀକ୍ଷା ଏକ ରମ୍ୟ ପୁଷ୍କର' ହେଉ ସବୁଥିରେ କେଉଁଠି ନା କେଉଁଠି ମୁଁ 'ଭୋକ'କୁ ଦେଖିଛି ଏବଂ 'ଭୋକ'ର ଭୂଗୋଳକୁ ଲୋକଲୋଚନକୁ ଆଣିବାକୁ ଚେଷ୍ଟା କରିଛି। ଯଦି ମୋର ପ୍ରିୟ ପାଠକ ବନ୍ଧୁମାନେ ସେ ଭୋକକୁ ଚିହ୍ନି ପାରିବେ ଭୋକର ଭୂଗୋଳ

ଭିତରେ ପଶି ପାରିବେ ତେବେ ଏ ସଂକଳନଟିର ପ୍ରକାଶନ ସାର୍ଥକ ହେବ ବୋଲି ମୋର ମନେ ହୁଏ ।

ମୋର ସୌଭାଗ୍ୟ ଯେ ଉତ୍କଳ ବିଶ୍ୱବିଦ୍ୟାଳୟ ଓଡ଼ିଆ ବିଭାଗର ପ୍ରାକ୍ତନ ପ୍ରଫେସର ସାହିତ୍ୟିକା ସଂଘମିତ୍ରା ମିଶ୍ର ଯେ କି ଏକାଧାରରେ ଜଣେ ବିଶିଷ୍ଟ କବି, ପ୍ରାବନ୍ଧିକା, ସମାଲୋଚିକା, ନାଟ୍ୟକାର ଓ ଅନୁବାଦିକା ଏହି ସଂକଳନରେ ଥିବା ତ୍ରୁଟି ମାର୍ଜନା କରିବା ସଙ୍ଗେ ସଙ୍ଗେ ଏଥିପାଇଁ ତାଙ୍କର ସୁଚିନ୍ତିତ ଅଭିମତ ପରଷି ଥିବାରୁ ମୁଁ ତାଙ୍କ ନିକଟରେ ଚିର କୃତଜ୍ଞ । ଏଠାରେ ମଧ୍ୟ ମୁଁ ଲିପିବଦ୍ଧ କରିବାକୁ ଚାହେଁ ଯେ ପ୍ରଫେସର ମିଶ୍ରଙ୍କର ଉତ୍ସାହଜନକ ମନ୍ତବ୍ୟ ମୋତେ ଆଗକୁ ଆଗକୁ ବଢ଼ିବାରେ ସହାୟକ ହୋଇଥାଏ । ସେଥିପାଇଁ ସେ ମୋର ନମସ୍ୟ ।

ସର୍ବଶେଷରେ ବିଶିଷ୍ଟ ପ୍ରକାଶକ ତଥା 'ବ୍ଲାକ ଇଗଲ୍ ବୁକ୍ସ'ର ନିର୍ଦ୍ଦେଶକ ଶ୍ରୀ ସତ୍ୟ ପଟ୍ଟନାୟକ ଏବଂ ଶ୍ରୀ ଅଶୋକ ପରିଡା ମହୋଦୟ ଏହି ସଂକଳନଟିକୁ ପ୍ରକାଶ କରିବା ପାଇଁ ସମ୍ମତି ଜଣାଇଥିବାରୁ ମୁଁ ତାଙ୍କୁ ଅଶେଷ ଧନ୍ୟବାଦ ଦେବା ସହ ସଙ୍କଳନଟି ଆଦୃତ ହେବାର ଆଶା ରଖିବା ସଂଗେ ସଂଗେ ଏହା ମାଧ୍ୟମରେ ସମାଜରେ କିଛି ନା କିଛି ପରିବର୍ତ୍ତନ ଆସିବାର କାମନା କରୁଛି ।

ରମେଶ ପ୍ରସାଦ ମହାନ୍ତି

ସୂଚିପତ୍ର

ଭୋକର ଭୂଗୋଳ : ଆତ୍ମୀୟତାର ହସ୍ତାକ୍ଷର	୫
ନିଜ କଥା	୯
ଭୋକିଲା ଡାକୁଛି ଶୁଣ	୧୭
ମାଟି ମା'ର ଅଶ୍ରୁ	୨୦
ନିର୍ଝରିଣୀ	୨୩
ମୁଠେ ଭିକ ଦେବ ମୁଠେ ଭିକ	୨୬
ଶବ୍ଦ ଶିକାର : ଜଣେ ଅପକ୍ୱ କବିର	୨୯
କିନ୍ତୁ ମୁଁ କ୍ରୁଶବିଦ୍ଧ	୩୩
ଭୋକ	୩୬
କବିଙ୍କୁ ଚିଠି - ଜଣେ ଭୋକିଲା ଶିଳ୍ପୀର	୩୯
ନଗଡ଼ାଠୁ ବଣ୍ଡାପାହାଡ଼	୪୩
କାଳ, ମୋହ, ମାୟା	୪୮
ନିଃଶବ୍ଦ ଇଲାକାର ନିରବ ପ୍ରଶ୍ନ	୫୧
ମୁଁ ଅଗ୍ନିଗର୍ଭା କହୁଛି	୫୫
ପ୍ରକଳ୍ପର ନା ମରୀଚିକା	୫୯
ହଜିଲା ବାସ୍ନା-ମୋ ଗାଁର	୬୧
ଆତୁର ବାର୍ଦ୍ଧକ୍ୟ, ସ୍ତବ୍ଧ ମୃତାତ୍ମା	୬୪
ପ୍ରତୀକ୍ଷା - ଏକ ରମ୍ୟ ପୁଷ୍ପର	୬୭
ନିସଙ୍ଗ ଜୀବନ ମୁଁ, ତୁମେ ଆଉ ଘୋଟକ ଘାଟ	୭୦
ଖୁସି ଖୋଜା	୭୫
ମୋ ପିଲାଦିନଠୁ କମାଣ ଶବ୍ଦ ଶୁଣିଲା ପର୍ଯ୍ୟନ୍ତ	୮୦
ଭୂଖା	୮୪
ଆଁ	୮୭
ଘର ଢ଼ିଙ୍କି	୯୧
ଲକ୍ଷ୍ୟ	୯୪
ମରୁ ଦେଶର ଜଣେ କୋମାଗ୍ରସ୍ତ କବିଙ୍କ ଚେତାପ୍ରାପ୍ତ	୯୭
କାଠ ବେତାଳ	୧୦୦
ଆଜିର ଡାକ ଜୈବଚାଷ	୧୦୨
ସାବଧାନ ପ୍ରଳୟ ଆସୁଛି	୧୦୫
ବନବାସୀ	୧୦୯
ବିମ୍ବିସାର ତୃତୀୟ ବିଶ୍ୱଯୁଦ୍ଧର	୧୧୨

ଭୋକ – ପେଟ ଆଉ ମନର	୧୧୭
ଗାନ୍ଧୀ-୧	୧୨୧
ଅବବୋଧ	୧୨୫
ଖଣ୍ଡିଆ ଭୂତ	୧୨୯
ଶୁଭସ୍ୟ ଶୀଘ୍ରଂ	୧୩୩
ଦକ୍ଷିଣା	୧୩୭
ଶୁନ୍ ଫୋଟକା	୧୪୧
କୋଭିଡ଼-୧୯	୧୪୪
କୋଭିଡ଼ ବେଡ଼ ନଂ -୪୯	୧୪୭
ଅବଗଣନା, ଚଡ଼କ, ମଡ଼କ ଓ କୋଭିଡ଼ ଶବ ସତ୍କାର	୧୫୦
ସମୟ	୧୫୪
ଚାଲ - ବାପାଙ୍କ ଆଡ଼େ ଟିକେ ବୁଲି ଆସିବା	୧୫୭
ସିଂହାସନ	୧୬୨
ଅଜାତଶତ୍ରୁ- ବିଂଶ ଶତାଦ୍ଦୀର	୧୬୫
ଶେଷ ସନ୍ଧ୍ୟାର ଇତିକଥା	୧୬୯
ଗାନ୍ଧୀ-୨	୧୭୩
ହେ ପୁଣ୍ୟାମ୍ନା	୧୭୫
ପଥର ଶିଳ୍ପୀ	୧୭୭
ମୁଁ, ତୁମେ, ଜୀବନ ଓ ଯୁଦ୍ଧ	୧୭୯
ଭୋକ ବ୍ରହ୍ମ	୧୮୨
ଜଣେ ଆହତ ନାଗରିକର ନିଃଶଦ ଆର୍ତ୍ତନାଦ	୧୮୫
ପ୍ରତିଦାନ	୧୮୭
ଶୁଭକାମନା	୧୮୯

ଭୋକିଲା ଡାକୁଛି ଶୁଣ

ମୋତେ ଯେଉଁଦିନ ପଚାଶ ବର୍ଷ ବୟସ
ଠିକ୍ ସେଇଦିନ
ଏକ ଜରାଜୀର୍ଣ୍ଣ 'ଭୋକିଲା'
ହୋଟେଲର ଅଇଁଠାପତ୍ର ଗଦାରୁ
ବୁଲା କୁକୁରଙ୍କ ଗହଣରେ
ଖାଦ୍ୟ ସାଉଁଟିବାର ସ୍ୱପ୍ନ ଦେଖେ ।

ଜୀବନର ପ୍ରଥମ ଦୁଇ ଦଶନ୍ଧି ଫେଡ଼ି ଦେବାପରେ
ବାକି ତିନି ଦଶନ୍ଧି
ମୁଁ ମୋ ଜୀବନକୁ
ଉପଭୋଗ କରି ସାରିଥିବାର ହିସାବ ପାଏ
ସେଇ ସ୍ୱପ୍ନରେ ।

ସମାଜଠୁ ନେଇଛି କେତେ, ଦେଇଛି କେତେ
ହିସାବ କରୁ କରୁ, ସୂର୍ଯ୍ୟଙ୍କ ଲେଉଟାଣି
ଦିନ ତିନିଟା ମୋ ଘଣ୍ଟାରେ
ଭୋକିଲାଟି ହୋଟେଲର
ଅଇଁଠାପତ୍ର କୁଢ଼ା ହେବାର ସମୟକୁ
ଚାହିଁ ରହିଥାଏ ନିଷ୍ପ୍ରଭ ନୟନରେ ।

ଖଡ଼୍ କିନା ହୋଟେଲର ପଛପଟ ଫାଟକ ଖୋଲେ
ଟୋକେଇ ମୁହଁ ଓଲଟେ
ଧସ୍ କରି ଅଇଁଠାପତ୍ର ଗୁଡ଼ାକ
କୁଢ଼େଇ ହୋଇଯାଏ
ପୂର୍ବରାତ୍ରିର ଆବର୍ଜନା ଉପରେ ।

ଟାକି ରହିଥିବା ଭୋକିଲା କୁକୁର ଗୁଡ଼ାକ
ଧସେଇ ପସନ୍ତି
ପରେ ପରେ ଖେଙ୍କରା-ଖେଙ୍କରୀ,
କାମୁଡ଼ା-କାମୁଡ଼ି,
ନିଦ ମୋର ଭାଙ୍ଗିଯାଏ, ସେମାନଙ୍କ ରଡ଼ିରେ
ବାସ୍ତବରେ ।

ଯଥାର୍ଥରେ ମୁଁ ତିନି ଦଶନ୍ଧି ପଛକୁ ଚାଲିଗଲା ପରେ
ମାନସପଟରେ
ସେଇ ଅମ୍ବିକା ହୋଟେଲର
'ଅଇଁଠାପତ୍ର ଗଦା'।
ମନେପଡ଼େ ସେଦିନର ବୁଲାକୁକୁରଙ୍କ ଗହଣରୁ
ସେ 'ଭୋକିଲାର' ଖାଦ୍ୟ ସାଉଁଟା କଥା
'କଙ୍କାଳସାର ତା' ହାତର ଗତି
ଖୁବ୍ ଶିଥିଳ'
ଆବର୍ଜନା ଭିତରର ଅଇଁଠାଦାନା ଠାରୁ
'ଆଁ' ପର୍ଯ୍ୟନ୍ତ ତାର।

କୁକୁର ଗୁଡ଼ାକ ବୋଧେ ଦୟା ପରବଶ ହୁଅନ୍ତି
ବେଳେବେଳେ ଏକତରଫା ହୋଇ ଖାଆନ୍ତି
ସେ 'ମଣିଷ ଭୋକିଲାକୁ'
ସେମାନଙ୍କ ସଙ୍ଗେ
ଖାଦ୍ୟ ସାଉଁଟିବାର ସୁଯୋଗ ଦିଅନ୍ତି
ହୃଦୟ ବିଦାରିତ ହୁଏ
ଦେହ ଶିହରିତ ହୁଏ
ମନ ଆନ୍ଦୋଳିତ ହୁଏ ।

ସେ ଦିନର ସେ ଭୋକିଲାକୁ ଖୋଜି ଚାଲେ
ଖୋଜୁ ଖୋଜୁ,
ଜଣେ ନୁହେଁ, ଦୁଇଜଣ ନୁହେଁ
'ଅନେକ ଭୋକିଲା'
କୁକୁରମାନଙ୍କ ଗହଣରୁ
ଦାନା ସାଉଁଟିବାରେ
'ହାର ମାନିଯାଇଥିବାର' ଠିକଣା ପାଏ ।

ହେ ବନ୍ଧୁ,
ଆମେ ଅନେକ ବର୍ଷ ଜୀଇଁ ଗଲେଣି
ଜୀବନକୁ ଖୁବ୍ ନିକଟରୁ ଚିହ୍ନି ଗଲେଣି
ଆଉ ମାତ୍ର ଗୋଟିଏ ଦଶନ୍ଧି
ଜରାପ୍ରାପ୍ତ ହେବାରେ ।

ଆସ,
ହାତକୁ ହାତ ମିଳାଇବା
ଏକାଠି ହେବା
ତାଙ୍କ ପାଇଁ କିଛି କରିବା
ଜୀଇଁବାର ରାହା ଦେଖାଇବା
ସମାଜକୁ କିଛି ଦେବା
ସମାଜକୁ କିଛି ଦେବା
ସମାଜକୁ କିଛି ଦେବା ।

ମାଟି ମା'ର ଅଶ୍ରୁ

ହେ ମୋର
କାଳଜୟୀ ପୁରୁଷମାନେ
ଆର୍ଯ୍ୟ ଅଭିଜନମାନେ
ବରେଣ୍ୟ ପୂର୍ବଜମାନେ
ପ୍ରଣମ୍ୟ ବିନ୍ଧାଣୀମାନେ
ତୁମେ ତ ଛାଡ଼ିଯାଇଥିଲ ସେଦିନ
ମହମହ ମହକୁଥିବା
ଧରିତ୍ରୀଟାକୁ; ମାଟି ମା'କୁ
ତୁମ ଦାୟାଦମାନଙ୍କ
'ଜୀବନ ଇନ୍ଧନ' ହେବାକୁ
ତାଙ୍କ 'ଭାତହାଣ୍ଡି' ବନିବାକୁ ।

ହେଲେ
ଆଜି ସେ ମହକୁଥିବା ଧରିତ୍ରୀଟା
ଭୂଲୁଣ୍ଠିତ ହୋଇଛି
ମାଟି, ପାଣି, ପବନ ସବୁ ବିଷାକ୍ତ ହୋଇଛି
ଶବଦ ସାଙ୍ଗକୁ, ଆଲୁଅଟା ବି
ପ୍ରଦୂଷଣର ଜାଲରେ ପଡ଼ିଛି
ଶିକାରୀଟା ଆଜି ପାଣି ପବନକୁ
ମୁଣି, ପୁଡ଼ିଆରେ ବିକ୍ରି କରୁଛି
ତୁମ ମାଟି ମା' ଆଜି ରୋଦନ କରୁଛି
ଚକ୍ଷୁରୁ ତା'ର ଅଶ୍ରୁ ନୁହେଁ ତ
ରୁଧିର ଝରୁଛି ।

ନଦୀ ଗର୍ଭରେ ମଢ଼ଭାସୁଛି
ପୋଢ଼ମାନଙ୍କର ଗୋଠ ପଡ଼ିଛି
ଶୌଚପାଣିର ଜହର ସ୍ରୋତରେ
ଫୁଲିଯାଉଛି ସେ
ଶିଳ୍ପାଗାରର ବର୍ଜ୍ୟବସ୍ତୁରେ
ବକ୍ଷ ତାହାର କ୍ଷୀଣ ହେଉଛି
ତୁମ ମାଟି ମା' ଆଜି ରୋଦନ କରୁଛି
ଚକ୍ଷୁରୁ ତା'ର ଅଶ୍ରୁ ନୁହେଁ ତ
ରୁଧିର ଝରୁଛି ।

ତୁମ ନଦୀପଠା ଆଜି
ଖଣ୍ଡ ହାତରେ ବିକ୍ରି ହୋଇଛି
ଶାଗୁଣା ସାଜି ସେ
ବକ୍ଷଟାକୁ ତା ବିଦାରି ଦେଉଛି
ବାଲୁକାରାଶି ହଜିଯାଇଛି ତା
ଅନ୍ତବୁଜୁଳା ଦେଖାଯାଉଛି
ତୁମ ମାଟି ମା' ଆଜି ରୋଦନ କରୁଛି
ଚକ୍ଷୁରୁ ତା'ର ଅଶ୍ରୁ ନୁହେଁ ତ
ରୁଧିର ଝରୁଛି ।

ଝର ଝର ଝର ଝରଣାଗୁଡ଼ାକ
ଦଲାଲ ହାତରେ ବନ୍ଧା ପଡ଼ିଛି
କଉପୁନୀ ପିନ୍ଧା ଧୀବର ଭାଇର
ଏବର ନାଆଟା
ଶୁଖା ନଦୀଟାରେ ପଡ଼ିରହିଛି
ଆକାଶକୁ ଚାହିଁ ନାଉରୀ ଭାଇଟା
ଚିରନିଦ୍ରାରେ ଶୋଇଯାଇଛି
ତୁମ ମାଟି ମା' ଆଜି ରୋଦନ କରୁଛି

ଚକ୍ଷୁରୁ ତା'ର ଅଶ୍ରୁ ନୁହେଁତ
ରୁଧିର ଝରୁଛି ।

ଗିରି ଶୃଙ୍ଗରୁ
ଚିଇଲ- ଶାଗୁଣା ହଜିଯାଇଛି
ମଢ଼ଗୁଡ଼ା ଖାଲି ପଡ଼ି ରହୁଛି
ନଦୀ ବୁକୁ ଆଜି ପଚିଯାଉଛି
ପୁତି ଗନ୍ଧ ଭିତରୁ
କଙ୍କାଳମାଳା ଫୁଟି ଉଠୁଛି
ତୁମ ମାଟି ମା' ଆଜି ରୋଦନ କରୁଛି
ଚକ୍ଷୁରୁ ତା'ର ଅଶ୍ରୁ ନୁହେଁ ତ
ରୁଧିର ଝରୁଛି ।

ନଦୀ ଆଜି ତୁମ
ସୈକତ ହାରିଛି
ଗଣ୍ଡଶଇଳ ଗୁଡ଼ାକ ତାହାର
ପଥୁରିଆଙ୍କର ଶିକାର ହୋଇଛି
ଗେଣ୍ଡା, ଶାମୁକା ଚିଙ୍ଗୁଡ଼ି, କଙ୍କଡ଼ା
ଲୋପ ପାଇଛି ତା
ନଦୀ ଆଜି ତୁମ ସଂଜ୍ଞା ହାରିଛି
ତୁମ ମାଟି ମା' ଆଜି ରୋଦନ କରୁଛି
ଚକ୍ଷୁରୁ ତା'ର ଅଶ୍ରୁ ନୁହେଁ ତ
ରୁଧିର ଝରୁଛି ।

■

ନିର୍ଝରିଣୀ

ପଥିକ ମୁଁ
କିନ୍ତୁ
କେବେହେଲେ ପଥହରା ନୁହେଁ
ଯିବାର ଅଛି ମୋତେ ଅନେକ ଦୂର
ସ୍ୱପ୍ନ ଯଦି ଅନ୍ତଶଯ୍ୟାରେ ତୁମର
ଆସ -
ମୋ ସାଥେ ସାଥେ ଆସ
ଦେଖିବ ଅମାବାସ୍ୟାରେ ବି
ଚକ୍‌ଚକ୍ ହୋଇ ଦେଖାଦେବ
ତୁମ ଗନ୍ତବ୍ୟସ୍ଥଳ
ଯିବାର ଅଛି ତ
ଆସ -
ଅବିଳମ୍ବେ ମୋ ସାଥେ ସାଥେ ଆସ
ଦେଖିବ
ସ୍ୱପ୍ନର ବତୀଘର ତୁମର
ନିଶ୍ଚେ ଆଲୁଅ ଦେଖାଇବ।

ଅବଶ୍ୟ ଯୁଦ୍ଧ ଲାଗିଛି ମୋର
ବାରବାର ଅନେକ ବାର
କିନ୍ତୁ
ପରାଜିତ ହୋଇଛି କି ନାହିଁ ସୂର୍ଯ୍ୟ ?
ସତରେ କ'ଣ କେବେହେଲେ
ମୁଁ ଛାଇ ଖୋଜିଛି ??
ନା ପର୍ବତକୁ ଦେଖି
ଜାହ୍ନବୀ ସାଜିଛି ???

ଅବଶ୍ୟ
ବାଷ୍ପିଭୂତ ହୋଇଛି ମୁଁ ବାରବାର
ଫେରିପାଇଛି କିନ୍ତୁ ମୁଁ ମୋ ରକ୍ତ
ଫଟାଇ ବାଦଲର ଦେହ
ନିର୍ଝରିଣୀ ମୁଁ ଚାଲୁଥିବି
ଲକ୍ଷ ମୋର ଅତୁଟ
ଯିବାର ଅଛି ତ
ଆସ –
ଅବିଳମ୍ବେ ମୋ ସାଥେ ସାଥେ ଆସ
ଦେଖିବ
ସ୍ୱପ୍ନର ବତୀଘର ତୁମର
ନିଶ୍ଚେ ଆଲୁଅ ଦେଖାଇବ ।

ଅବଶ୍ୟ
ଖଣ୍ଡବିଖଣ୍ଡିତ ହୋଇଛି ମୁଁ
ବାରବାର ଅନେକ ବାର
ନାଏଗ୍ରା ପ୍ରପାତଠି
ଟୁଗେଲା ପ୍ରପାତଠି
କେମ୍‌ଟି ପ୍ରପାତଠି
ପୁନର୍ବାର ଯୋଡ଼ି ହୋଇଛି କି ନାହିଁ ମୁଁ?
ପାଇବାର ଥିଲା ମୋତେ
ସମୁଦ୍ର ଦେହକୁ
ସାଥେ ସାଥେ ଗଳିତ ଶବମାନଙ୍କୁ
ବାହିଛି କି ନାହିଁ ମୁଁ ??
ବାରବାର ଅବରୋଧ କରିଛି
ଗଣ୍ଡଶଇଳ ମୋ ଗତିପଥକୁ
ରୂପ ବଦଳାଇଛି କି ନାହିଁ ମୁଁ ???
ଘାରୁଥିଲା ମୋତେ
ସାଗରର ରଂଗ

ବିବର୍ଣ୍ଣ ହୋଇଛି କି ନାହିଁ ମୁଁ ????
ବାସୁଥିଲା ମୋତେ
ବାରବାର ସିନ୍ଧୁମନୁଜ
ନୀଳକଣ୍ଠ ସାଜିଛି କି ନାହିଁ ମୁଁ ?????
ଅବଶ୍ୟ
ବାଷ୍ପିଭୂତ ହୋଇଛି ବାରବାର
ଫେରିପାଇଛି କିନ୍ତୁ ମୁଁ ମୋ ରକ୍ତ
ଫଟାଇ ବାଦଲର ଦେହ
ନିର୍ଝରିଣୀ ମୁଁ ଚାଲୁଥିବି
ଲକ୍ଷ ମୋର ଅତୁଟ୍
ଯିବାର ଅଛି ତ
ଆସ -
ଅବିଳମ୍ବେ ମୋ ସାଥେ ସାଥେ ଆସ
ଦେଖିବ -
ସ୍ୱପ୍ନର ବତୀଘର ତୁମର
ନିଶ୍ଚେ ଆଲୁଅ ଦେଖାଇବ ।

ମୁଠେ ଭିକ ଦେବ ମୁଠେ ଭିକ

ମାଗିଲି ମୁଠାଏ ମାତ୍ର ଅନ୍ନ
ତୁମେ କହିଲ -
କରିପାରିବୁ ମୋତେ
ପୂର୍ଣ୍ଣ ବିଶ୍ୱାସ
ସମର୍ପି ପାରିବୁ ତୋର
ସମ୍ପୂର୍ଣ୍ଣ ଯୌବନ ?

ମାଗିଲି ମାତ୍ର ଚାରିହାତ ମାଟି
ତୁମେ କହିଲ -
କେବଳ ଚାରିହାତ କଅଣ ?
ନେ
ଦେଲି ତୋତେ ମୋ ସମଗ୍ର ପୃଥିବୀ
ରହିବନି କେବେହେଲେ ଅପୁରନ୍ତା
ତୋର ପେଟ
ସେଠିପରା ଜଳୁଥାଏ ଅହର୍ନିଶି
ଖାଲି ନାଲି ରଙ୍ଗବତୀ ।

ମାଗିଲି ହାତ ତୁମର
ତୁମେ କହିଲ -
ହାତଗଣ୍ଠିରୁ ମିଳିବ ବା କଅଣ ?
ମୁଁ ପରା ମଲା ପର୍ଯ୍ୟନ୍ତ
କେବଳ ତୁମର ।

ମାଗିଲି ତୁମକୁ ରାତି ଆଉ ଦିନ
ତୁମେ କହିଲ -
ଅସମ୍ଭବ, ଦିନଟାରେ ଅବା
ସେଠି କାମ ମୋର କଅଣ ?

ମୁଁ କିନ୍ତୁ କେବଳ
ରାତିରେ ତୁମର ।

ଭିଡ଼ିନେଲ
ମୋ ପ୍ରାରମ୍ଭ ଯୌବନ
ଅଯାଚିତ ମାତୃତ୍ୱ ଦାନକଲ
ମାଗିଲି ଆମ ପୁତ୍ରୀ ପାଇଁ
ସାଙ୍ଗିଆ ତୁମର
ତୁମେ କହିଲ -
ବାରାଙ୍ଗନାର ପୁଣି ଆସିଲା କେଉଁଠୁ
ଏପରି ଏକ ସ୍ୱତନ୍ତ୍ର ଅଧିକାର ?

ପୁତ୍ର ତୁମର ଅଝଟ ହେଲା
ମାତ୍ରାଧିକ ଅଡ଼ି ବସିଲା
ମାଗି ପଠାଇଲି ମାତ୍ର ଗୋଟିଏ ଟିକଟ
ତୁମେ କହିଲ -
ଗୋଟେ ଜାରଜର ଏ କି ଦିବାସ୍ୱପ୍ନ !
ସେ ପୁଣି ଅଳଂକୃତ କରିବ
ପ୍ରଧାନମନ୍ତ୍ରୀଙ୍କ ଆସନ !!

ମାଗିଲି ଜରାପ୍ରାପ୍ତିରେ
ଟିକିଏ ବିରାମ
ତୁମେ କହିଲ -
ତୋତେ ମୁଁ ଅନ୍ନ ଦେଲି
ତୋତେ ମୁଁ ବସ୍ତ୍ର ଦେଲି
ତୋତେ ମୁଁ ଭୂମି ବି ଦେଲି
ତୋର ପୁଣି ଆସିଲା କେଉଁଠୁ
ନିଜସ୍ୱ ଅପଘନ ?

ସର୍ବଶେଷେ
ନତଜାନୁ ହେଲି
ହାତ ମୁଁ ଯୋଡ଼ିଲି

ପାଦ ବି ଧରିଲି
ମୁଣ୍ଡ ପିଟିପିଟି ରକ୍ତ ଝରାଇଲି
ମାଗିଲି ତୁମଠୁ ମୁଖାଗ୍ନି
ଆଉ ଟିକେ ସଧବାର ଚିହ୍ନ
ତୁମେ କହିଲ
ନିଶ୍ଚେ ତୁ ତରିଯିବୁ
ମରିଗଲା ପରେ ସ୍ୱର୍ଗରେ
ଜାଗାଟିଏ ବି ପାଇବୁ
ପିନ୍ଧାଇ ଦେବି ତୋତେ
ରଙ୍ଗ ଶଙ୍ଖା ଦୁଇପଟ
ଆଉ ମାଖିଦେବି
ନାଲିଆ ସିନ୍ଦୂର ମଥାରେ ତୋହର
ସତ କହ
ସତ କହ ଏବେ
ଯୋଗାଇ ପାରିବୁ
ଆଉ ମାତ୍ର ଗୋଟାଏ କି ଦିଟା
ନୂତନ ଶରୀର ?

କାହାଣୀ ଏ ଲାଗିପାରେ
ତୁମକୁ
ଜଣେ ବାପ-ମା ଛେଉଁଣ୍ଡ
ଭୋକିଲା ନାରୀର
କିନ୍ତୁ ଏଇ ଶୁଣ -
ଏଠି, ସେଠି, ସବୁଠିତ
ସେଇ ଗୋଟାଏ ଭୋକିଲା ନାରୀର ଡାକ
ମୁଠେ ଭିକ ଦେବ?
ମୁଠେ ଭିକ ଦେବ ??
ମୁଠେ ଭିକ ଦେବ ???

ଶବ୍ଦ ଶିକାର : ଜଣେ ଅପକ୍ୱ କବିର

ସେଦିନ ଜଣେ ପ୍ରବକ୍ତା
ଭାଷଣ ଦେଉଥିଲେ
ଯେଉଁ କବିମାନେ ପକ୍ୱ
ସବୁ ଶବ୍ଦଗୁଡ଼ାକ ସେମାନଙ୍କ ଅଧସ୍ତନ
ଗୁନ୍ଥି ଦେଇପାରନ୍ତି ସେମାନେ ସେମାନଙ୍କୁ
ଯେ କୌଣସି ସ୍ଥାନରେ, ସମୟରେ, ପରିସ୍ଥିତିରେ
ଆଉ ଜୀଅନ୍ତା କବିତାମାନେ
ଫୁଟିଆସନ୍ତି ଜଣକ ପରେ ଆଉ ଜଣେ
ଠିକ୍ ଅଣ୍ଡାରୁ ଛୁଆ ଫୁଟିଲା ଶୈଳୀରେ
ଏହା ତାଙ୍କ ପ୍ରଖର ଧୀଶକ୍ତିର
ଗୋଟାଏ ତୀକ୍ଷ୍ଣ ଲକ୍ଷଣ ।

ଆଉ ଯେଉଁମାନେ ଅପକ୍ୱ
ଗୋଟାଏ ଭାବନାକୁ
କବିତାର ରୂପ ଦେବାପାଇଁ ଭାବୁ ଭାବୁ
ବେଳେବେଳେ ଶବ୍ଦମାନେ
ଉଲ୍‌କା ପରି ଖସି ଆସନ୍ତି
ସେମାନଙ୍କ ମୁଣ୍ଡ ଭିତରକୁ
ପୁଣି ଉଭେଇଯାଆନ୍ତି କ୍ଷଣକେଇଟାରେ
ଠିକ୍ ଉତ୍ତାଳ ଢେ଼ଉମାନ
ଲିଭିଗଲାପରି ସମୁଦ୍ର ବକ୍ଷରେ
ଆଉ ବିଚରା କବିଟି ଖାଲି ଦରାଣ୍ଡି ହେଇଯାଏ
ସେ ଶବ୍ଦମାନଙ୍କୁ
ବିସ୍ତୀର୍ଣ୍ଣ ବାଲୁକାଶଯ୍ୟା ମଧ୍ୟରୁ
ହଜିଲା ମୁକ୍ତାକୁ ଖୋଜିଲା ମୁଦ୍ରାରେ ।

ମୁଁ ବୋଧେ ସେଇ ଧରଣର କବିଟିଏ
ବିମୋହିତ ହେଉଥାଏ ଦିନେ
ଆଖି ସାମ୍ନାରେ ଜନମୁଥିବା
ଢେଉମାନଙ୍କୁ ଦେଖି
ସେମାନଙ୍କ ଶୈଶବରୁ ବାର୍ଦ୍ଧକ୍ୟକୁ ଦେଖି
ଆଉ ସେମାନେ ପଞ୍ଚଭୂତରେ
ଲୀନ ହୋଇଯାଉଥିବାର ଦୃଶ୍ୟକୁ ଦେଖି
ପୁଣି ସେଇ ଜୀବନସତ୍ତା ଭିତରୁ
ନୂଆ ନୂଆ ଜୀଅନ୍ତା ଢେଉମାନ
ଜନମୁଥିବାର ଦେଖି ।

ଏ ଜୀବନଚକ୍ରକୁ
ଗୋଟାଏ କବିତାର ରୂପ ଦେବାପାଇଁ
କାଗଜ-କଲମ ଖୋଜୁ ଖୋଜୁ
କେତେଗୁଡ଼ାଏ ଶବ୍ଦ ଦେଖା ଦେଉଥିଲେ
ବିଜୁଳି ପରି
ପୁଣି ଉଭେଇ ଯାଉଥିଲେ ପଟ୍‌ପାଟ୍ କରି
ଠିକ୍ ଆକାଶରୁ ତାରାମାନେ ଲିଭିଗଲାପରି
ଆଉ କେତେଗୁଡ଼ାଏ ଶବ୍ଦମାନେ
ଲୁଚିଯାଉଥିଲେ ଟିକିଏ ଧିମେଇ ଧିମେଇ
ଏଇଯେମିତି
ପଶ୍ଚିମା ସୂର୍ଯ୍ୟଙ୍କ ଘରବାହୁଡ଼ା ପରି
ଅବା
ପ୍ରଖର ବହ୍ନିଶିଖାଗୁଡ଼ାକ କ୍ଷୀଣ ହେଲାପରି
ଅବା
ପୂର୍ବାକାଶର ଇନ୍ଦ୍ରଧନୁଟା ଉଭେଇଗଲା ପରି ।

ସେଇଥିପାଇଁ ଘଟଣାଟାଏ ଯେତେବେଳେ
କବିତା ହେବାପାଇଁ ମୋତେ ହଠାତ୍ ମାଡ଼ିବସେ

ଆଉ ଶବ୍ଦଗୁଡ଼ାକ ଚାରିଚକର୍ ମାରି
କ୍ଷିପ୍ରଗତିରେ ଉଡେଇ ଯିବାକୁ ଲାଗନ୍ତି
ମୋ ଦୁଇଚକିଆ ଯାନଟା
ବାଟ ଭାଙ୍ଗି ଅବାଟରେ ଠିଆହୁଏ
କଲମଟା ମୋର ଦଉଡ଼େ
ଖୁବ୍ ଚଞ୍ଚଳ ମତିରେ
ଶହେ ଅବା ପାଞ୍ଚଶହ ଟଙ୍କିଆ ଶରୀର ଦେହରେ
ଅଥବା ମୋ ପାପୁଲି ଉପରେ
ଆଉ ଜାବୁଡ଼ି ଧରେ ମୁଁ ସେ ଶବ୍ଦଗୁଡ଼ାକୁ
ଠିକ୍ ଶେଉଳ ମାଛକୁ
ମାଡ଼ି ବସିଲା ପରି
ଗୋଟାଏ ପୋଲୁହ ଭିତରେ ।

ପୁଣି ଦିନେ ଦିନେ
ଘଡ଼ିଏ କି ଦି' ଘଡ଼ି ରାତିରେ
ମୋ ନିଦଭାଙ୍ଗେ,
ଆଲୁଅ ଜାଳେ ମୁଁ
ଶବ୍ଦଗୁଡ଼ାକୁ ବାନ୍ଧି ରଖିବାକୁ ଚେଷ୍ଟା କରେ
ହାତ ପାହାନ୍ତା
ଛିଣ୍ଡା ଅବା ଅଛିଣ୍ଡା କାଗଜ ଉପରେ
ଆଉ ବେଳେବେଳେ
କଲମଟା ମୋର ଆପେ ଆପେ ଚାଲେ
ଘନଘୋର ଅନ୍ଧାର ଭିତରେ
ମୁଣ୍ଡ ଉପରେ ପଡ଼ିଥିବା ଖବରକାଗଜ ବକ୍ଷରେ ।

ପୋଲୁହ ଭିତରର ମାଛମାନେ ମରନ୍ତି
ମହୁର, ବେଶର, କାଳିଆ ଅବା ଛେଞ୍ଚଡ଼ା ହାଣ୍ଡିରେ
କିନ୍ତୁ
ମୁଁ ବାନ୍ଧିରଖିଥିବା ସମସ୍ତ ଶବ୍ଦମାନେ

ମୁକ୍ତି ପାଇଯାଆନ୍ତି
ଗୋଟାଏ ଗୋଟାଏ କବିତାର
ହାତ,ଗୋଡ଼, ମୁଣ୍ଡ ଅବା କଟୀ ଆକାରରେ
କିଏ କିଏ ସଜେଇ ହୋଇଯାଆନ୍ତି
ଜଣେ ନବବଧୂର ସିନ୍ଦୂରବିନ୍ଦୁ ପରି ତ
ଆଉ କିଏ କିଏ
ତା ପାଦର ଝୁଣ୍ଟିଆ ପରି
କିଏ କିଏ ତା ଗଳାର ହାର ପରିତ
ଆଉ କିଏ କିଏ
ତା ଅଣ୍ଟାସୂତା ଅବା ପାଦର ନୂପୁର ପରି ।

ସର୍ବଶେଷରେ କବିତାଟା ଫୁଟି ଆସେ
ଗୋଟାଏ ପୂର୍ଣ୍ଣାଙ୍ଗ ବଧୂପରି
ଅବା
କିଟିମିଟି ଅନ୍ଧାର ଭିତରର
ଗୋଟାଏ ଅଗ୍ନିଗର୍ଭା ପରି
ଅବା
ପୂର୍ଣ୍ଣିମା ରାତ୍ରିର ଚକାଜହ୍ନ ପରି
କିମ୍ବା
ପୂର୍ବାକାଶର ପୁରନ୍ତା ମୃତାଣ୍ଡ ପରି
ପ୍ରବକ୍ତାଜଣକ ବୋଧେ ସେଦିନ
ନିଶ୍ଚୟ ସତ କହୁଥିଲେ
ସେ ବି ଦିନେ
ମୋ ପରି ଜଣେ
ଅପକ୍ୱ କବିଟିଏ ଥିଲେ ।

କିନ୍ତୁ ମୁଁ କୁଶବିଦ୍ଧ

ଆରେ ଖୁସି ନେବ ଖୁସି
କିନ୍ତୁ
ସବୁ ଇଚ୍ଛାମାନେ ତ ମୋର ବନ୍ଦୀ
କୁଶବିଦ୍ଧ ଆଜି ମୁଁ
ରୋଷେଇ ଘରର
ବାସନ ଧୁଆ ବେସିନ୍ ଭିତରେ
ନାତିର ସ୍କୁଲବ୍ୟାଗ୍ କାନ୍ଧେଇବାରେ
ନାତୁଣୀକୁ ଡବାକ୍ଷୀର ପରଷିବାରେ
ଲୁଗା ସଫା ଟବ୍ ଭିତରେ
ଦାଣ୍ଡଓଳା ଛାଞ୍ଚୁଣୀ ମୁଠାରେ,
ଅବା
ନାତିର ଖେଳପଡ଼ିଆରେ
କିମ୍ୱା
ନାତୁଣୀକୁ ଜହ୍ନ ଦେଖାଇ ହସାଇବାରେ,
ଆରେ ଖୁସି ନେବ ଖୁସି ?

ଏଠି ବଟୁଆ ଖୋଲିବା ମନା
ପିକଦାନୀ ବି ମନା
ଗୁଡ଼ାଖୁରେ ଦାନ୍ତଘଷିବା ମନା
ବୈଠକଖାନାରେ
ଚକାମୁଣ୍ଡି ପକେଇକି
ବସିବା ବି ମନା
ଯାହା କିଛି ସମ୍ଭବ
ସେମାନେ ଅଫିସ ଯାଇସାରିଲା ପରେ
ଆରେ ଖୁସି ନେବ ଖୁସି ?

ନାତିର ପାଠପଢ଼ା ବେଳ
ନାତୁଣୀର କାଳେ ନିଦ୍ରାଭଙ୍ଗ ହେବ
ମୋ ଭାଗବତ ପଢ଼ିବା ମନା
ରାମାୟଣ ଧାରାବାହିକ ଦେଖିବା ମନା,
ମୁଁ କେବଳ ହସିବି, ଜବରଦସ୍ତ ହସିବି
ଆଗନ୍ତୁକ ଆଗରେ
ଭୁଲରେ ହେଲେ କେହି ବି
ମୋର ମଉଳା ମୁହଁ ଦେଖିବେନି କି
ମଉଳା କଥା ଶୁଣିବେନି
ଏଠି କାନ୍ଥବାଡ଼ ମାନେ ବି
ସଜାଗ ପ୍ରହରୀ ସାଜିଥାନ୍ତି
ମୋତେ ତଦାରଖ କରିବାରେ
ଆରେ ଖୁସି ନେବ ଖୁସି ?

ମୋ ବଟୁଆ ଯଦିବା ଖୋଲିବ
ଖୋଲିପାରିବ କେବଳ
ପଛପଟ ପର୍‌ଟିକୋ ପାଖରେ
ପାନଛେପ ଯଦିବା ପଡ଼ିବ
ପଡ଼ିବ ଯାଇଁ
କେବଳ ସେଇ ପଛପଟ
ନର୍ଦ୍ଦମା ଭିତରେ
ଟି.ଭି. ଯଦିବା ଖୋଲିବ
ଖୋଲିବ
କେବଳ ସେମାନଙ୍କ ଇଚ୍ଛାରେ
ଆରେ ଖୁସି ନେବ ଖୁସି ?

ଏଠି ମୋ ଇଚ୍ଛାର ଗୁଲୁଗୁଲା କିଣିବା ମନା
ତାଙ୍କ ଇଚ୍ଛାର
ଛେନାପୋଡ଼ ମୋତେ ଖାଇବାକୁ ହୁଏ

ପଖାଳ କଂସା ଏଠି ନ ଥାଏ
ମୋତେ ଖାଲି
ରୁଟି, ଚାଉମିନ୍ କିମ୍ବା
ଚିକେନ୍ ବିରିୟାନିରେ
ରାତିକାଟିବାକୁ ପଡ଼େ
ଖଟକୁ ଗଲାବେଳେ
ମୋ ଇଚ୍ଛାରେ ନାତିକୁ
ପାଖରେ ଶୁଆଇବା ବି ମନା
ମୋ ପାଟିରୁ
ପୁରୁଣା ଦିନର ଗପଗୁଡ଼ାକୁ
ଶୁଣିଦେଲେ
ସେ ପୁଣି କାଳେ
ଅନିଦ୍ରା ହୋଇଯାଏ
ଆରେ ଖୁସି ନେବ ଖୁସି ?
କିନ୍ତୁ
ସବୁ ଇଚ୍ଛା ମାନେ ତ ମୋର ବନ୍ଦୀ
କ୍ରୁଶବିଦ୍ଧ ଆଜି ମୁଁ
ରୋଷେଇ ଘରର ବାସନ ଧୁଆ
ବେସିନ୍ ଭିତରେ ।

■

ଭୋକ

ଏବେ ଆଉ
ପଥର କଟାର ଶବ୍ଦ ଶୁଭୁନି
ଖାଲି ମାଟିହଣା ହେବାର
କଚ୍ କଚ୍ ଶବଦ
ତଥାପି
ନଟିଆ ବାଉରୀର
ସେଇ ହଟିଆ ପଣ
ପାହାଡ଼ ପରି ପାହାଡ଼େ ଆଶା
ଏ ମାଟିର ସ୍ତର ସରିବ
ପୁଣି ପଥର ଚଟାଣ ଫେରିବ
ଆଉ ତା ଚୁଲି ଜଳିବ
ଆରେ ଆସ -
ଦେଖିକି ଯିବ
କ୍ଷୁଧାର ସ୍ୱେଦ ବିନ୍ଦୁରେ ଖାଦାନ
କେମିତି ହୁଏ ଉବୁଟୁବୁ
ପାରିବ ଯଦି
ଛୁଇଁକି ଯିବ
ତା ଭୋକର ଜ୍ୱାଳାକୁ ।

ଆଜିକୁ ହେଲାଣି
ପାଞ୍ଚଦିନ, ଚାରି ଓଳି, ଦି ଘଡ଼ି
ଚୁଲି ଭିତରେ
ସେଇ ଭୂଆ ବିଲେଇର
ଅବିଶ୍ରାନ୍ତ
ଘୁଡ଼ୁରୁ ଘୁଡ଼ୁରୁ ଘୁଙ୍ଗୁଡ଼ି

ସେଣେ
ଖାଦାନ ଗର୍ଭର ଚଡ଼କ ସାଙ୍ଗଙ୍କୁ
ଏଣେ
ହାଣ୍ଡି ଖଡ଼ ଖଡ଼
ଚାଳରେ ଶାଗୁଣା ବସିବା ବେଳ
ଆରେ ଆସ-
ଦେଖିକି ଯିବ
କଙ୍କାଳସାର ବୁଢ଼ୀ ମା'ର
'ତାଟିଆ କାମୁଡ଼ାକୁ'
ପାରିବ ଯଦି
ଛୁଇଁକି ଯିବ
ତା' ଭୋକର ଜ୍ୱାଳାକୁ ।

ଷୋଡ଼ଶୀ ମା'
ଜୀଅନ୍ତା ଯୌବନ
ଭରପୁର ମାତୃତ୍ୱ
କିନ୍ତୁ
ଭୋକିଲା ପେଟର
ଶୁଷ୍କ ସ୍ତନ
ଝାଉଁଳା ଜୀବନ
ଦୁଇଜଣ ଗୁରୁଣ୍ଡିଲା ବେଳକୁ
ଆଉ ଜଣେ କୋଳର ସନ୍ତାନ
ଆରେ ଆସ-
ଦେଖିକି ଯିବ
ଭୋକିଲା ଶୈଶବର
'ମାଟିକାମୁଡ଼ାକୁ'
ପାରିବ ଯଦି
ଛୁଇଁକି ଯିବ
ତା ଭୋକର ଜ୍ୱାଳାକୁ ।

ଫୁଟନ୍ତା ଭାତହାଣ୍ଡିର ଛିଟିକା ଦାନା
ସାଉଁଟି ବସିଲାଣି ଗୁରୁଣ୍ଡା ପିଲା
ମା କୋଳରେ ଗଳିତ ଶବ
ବାପା କରିବସିଲାଣି ଶିକାର
ସେ ଭୂଆ ବିଲେଇଟାକୁ
ଆରେ ଆସ -
ଦେଖିକି ଯିବ
'ଇରୁଲା କେମିତି ଖାଉଛି ଏବେ
ବିଲେଇ ମାଂସକୁ'
ପାରିବ ଯଦି
ଛୁଇଁକି ଯିବ
ତା' ଭୋକର ଜ୍ୱାଳାକୁ ।

■

କବିଙ୍କୁ ଚିଠି - ଜଣେ ଭୋକିଲା ଶିଳ୍ପୀର

ହେ ସ୍ରଷ୍ଟା !
ପ୍ରଣାମ,
ଯୋଡ଼ହସ୍ତ ପ୍ରଣାମ
ଟିକିଏ ବାହାରିଆସିଲ
ବସନ୍ତର ପୁଲକ ଭିତରୁ
ନାୟିକାର ଘୁଙ୍ଗୁର ଶବଦ ଭିତରୁ
ଅବା
ଅଧାଲେଖା ଭଜନପୃଷ୍ଠା ଦେହରୁ
ମୁଁ କାହିଁକି କାନ୍ଦୁଛି
ତୁମେ ଜାଣିପାରିବ
ବୁଝି ବି ପାରିବ ମୋ ହୃଦୟର ବେଦନାକୁ
ଛୁଇଁ ବି ପାରିବ
ମୋ ଭୋକର ଜ୍ୱାଳାକୁ
ମୋର ଶେଷ ଭରସା
ତୁମେ ହିଁ କେବଳ ପୋଛିଦେଇ ପାରିବ
ମୋ ଅଦେଖା ଅଶ୍ରୁକୁ
ହେ ସ୍ରଷ୍ଟା, ପ୍ରଣାମ
ଯୋଡ଼ହସ୍ତ ପ୍ରଣାମ ।

କେତେକେତେ କାକୁତି ମିନତିମାନେ
ଭାସିଗଲେ
ଗତ ମହାବାତ୍ୟା ପରର ଅସ୍ଥାୟୀ
ରିଲିଫ୍‌ବଣ୍ଟା ତମ୍ବୁ ଭିତରେ
କେହିହେଲେ ଜଣେ ବି ସାହେବ
ଦେଖିପାରିଲେନି

ମୋ ଦଦରା କାନ୍ଥର
ଅଧାଭଙ୍ଗା ରୁଅଟାକୁ
କି ବୁଝିପାରିଲେନି
ଅସ୍ତଗାମୀ ମୋ ଜେଜେବାପାଙ୍କ
ପେଜୁଆ ଆଖିର ପ୍ରଶ୍ନମାଳାକୁ
କି ଚୁଲି ନିଆଁର ଝାପ୍‌ସା ଆଲୁଅ ଭିତରେ
ମୋ କୁନି ଝିଅର
ଅଙ୍କ କଷାକୁ ।

ମୁଁ କହୁନି ତୁମେ ମୋ ହାତ ଧରି
ବିଡ଼ିଓ କିମ୍ବା କଲେକ୍ଟର
ଅଫିସ୍ ନେଇଯିବାକୁ
କି ଇନ୍ଦିରା ଆବସଟେ ପାଇଁ
ଦରଖାସ୍ତ ଖଣ୍ଡେ ଲେଖିଦେବାକୁ
କି ମୋ ପୁଅର ପୁନଃଦାଖଲ ପାଇଁ
ହେଡ୍‌ସାର୍‌ଙ୍କୁ ଗୁହାରି ଜଣାଇବାକୁ
ଗାଁ ସାଆନ୍ତଙ୍କ ପୁତୁରା
ସରପଞ୍ଚଙ୍କ ବାପା
ଆଉ ସାହୁକାର ନିଜେ ପରା
ବି.ପି.ଏଲ୍. ତୃଷ୍ଟାରେ ଅଛନ୍ତି
ମୁଁ ବା କେମିତି
ଟଙ୍କିକିଆ ଚାଉଳ ପାଇପାରିଥାନ୍ତି
ଅବା
ଜବ୍‌କାର୍ଡର ଅଧିକାରୀ ହୋଇପାରିଥାନ୍ତି !

ଭରସା ଅଛି
ଭରସା ଅଛି ନିଜ ଉପରେ ମୋର
ମୁଁ ଝାଳ ବୁହାଇ ପାରିବି
ବୁଡ଼ିଯାଇ ପାରିବି

ହଜି ବି ଯାଇ ପାରିବି
କଥାକୁହା ଜୀଅନ୍ତା ମୂର୍ତ୍ତିମାନ
ଫୁଟେଇଦେଇ ପାରିବି
ଘଞ୍ଚ ଜଙ୍ଗଲ ଭିତରର
ଅଦେଖା ପର୍ବତାମାଳା ଦେହରେ
ଖାଲି ଗୋଟାଏ ନିହାଣ
ଆଉ ମୁଗୁରଟେ ଦରକାର
ମର୍ତ୍ତ୍ୟର ଏ ଭୂଖଣ୍ଡକୁ
ସ୍ୱର୍ଗ ବନେଇଦେବି
ଆକାଶକୁ ସାକ୍ଷୀ ରଖି
ବାର, ବାର, ବାର, ତ୍ରିବାର
ଶପଥ କରି କହୁଛି
ଲଗେଇ ଦେବି ଲମ୍ବାଲମ୍ବା ଧାଡ଼ି
ଶତ ସହସ୍ର କୋଣାର୍କମାନ
ଠିଆ କେରିଦେବି
ଭରିଯିବ ତୁମ ରାଜକୋଷ
ସୁନାର ହୋଇଯିବ ତୁମ କଲମର ମୁନ
ମୋତିପରି ଝଲସି ଉଠିବ ତୁମ ଧାନକ୍ଷେତ
ମୁକ୍ତାପରି ହସିଉଠିବେ
ସବୁ ଭୂଭୂକ୍ଷୁମାନଙ୍କ ସଂସାର ।
ହେ ସ୍ରଷ୍ଟା, ପ୍ରଣାମ,
ତୁମକୁ ଆଉଥରେ ମୋର ଯୋଡ଼ହସ୍ତ ପ୍ରଣାମ
ଉଠାଅ ତୁମ କଲମ
ଦେଇଦିଅ ମୋତେ ଖାଲି ପର୍ବତ ପରେ ପର୍ବତ
ଦେଖାଇଦିଅ ମୋତେ ଗୋଟାଏ ବିସ୍ତୀର୍ଣ୍ଣ ପ୍ରାନ୍ତର
ଆଉ ଥରେ ମାତ୍ର
ଆଉ ଥରେ ମାତ୍ର ଧରାଇଦିଅ ହାତରେ ମୋର
ମୋ ପୂର୍ବଜମାନଙ୍କ ନିହାଣ
ଆଉ ମୁଗୁରର ବେଣ୍ଟ

ପୁନର୍ବାର ଶପଥ କରି କହୁଛି
ଭରିଦେବି ତୁମ ରାଜକୋଷ
ସୁନାର କରିଦେବି ତୁମ କଲମର ମୁନ
ମୋତିପରି ଝଲସି ଉଠିବେ
ତୁମ ଧାନ କ୍ଷେତ
ମୁକ୍ତାପରି ହସି ଉଠିବ
ସବୁ ଭୂଭୂକ୍ଷୁମାନଙ୍କ ସଂସାର ।

ହେ ସ୍ରଷ୍ଟା
ପ୍ରଣାମ, ଯୋଡ଼ହସ୍ତ ପ୍ରଣାମ
ଟିକିଏ ବାହାରି ଆସିଲ
ବସନ୍ତର ପୁଲକ ଭିତରୁ
ନାୟିକାର ଘୁଙ୍ଗୁର ଶବଦ ଭିତରୁ
ଅବା ଅଧାଲେଖା ଭଜନ ପୃଷ୍ଠା ଦେହରୁ
ମୁଁ କାହିଁକି କାନ୍ଦୁଛି
ତୁମେ ଜାଣିପାରିବ
ବୁଝିବି ପାରିବ ମୋ ହୃଦୟର ବେଦନାକୁ
ଛୁଇଁ ବି ପାରିବ ମୋ ଭୋକର ଜ୍ୱାଳାକୁ
ମୋର ଶେଷ ଭରସା
ତୁମେ ହିଁ କେବଳ ପୋଛିଦେଇପାରିବ
ମୋ ଅଦେଖା ଅଶ୍ରୁକୁ ।

■

ନଗଡ଼ାଠୁ ବଣ୍ଡାପାହାଡ଼

ପୃଥିବୀ ଯେଉଁ ଯେଉଁ ପର୍ବତ ଦେହରେ
ଆକାଶ ଛୁଇଁଛି
ସେଇଠି, ସେଇଠି ମେଞ୍ଚକୁ ମେଞ୍ଚା
ନଗଡ଼ା ମାନଙ୍କ ଭିଡ଼
ଯୁଆଙ୍ଗ ପିଢ଼ହେଉ କିମ୍ବା ବଣ୍ଡାପାହାଡ଼
ସେଠି
ସବୁ ଦାନମାଝିଙ୍କ କାନ୍ଧରେ ଶବ
ଓଲଟା ଖଟିଆରେ
ପାତାଳର ଡାକ୍ତରଖାନାକୁ
ବେଳେବେଳେ ବୁହାଯାଆନ୍ତି
ରକ୍ତହୀନ ଅପପୋଷିତ
ଆସନ୍ନ ପ୍ରସବା ମଣିଷ
ପଥପ୍ରାନ୍ତେ ଭୂଇଁ ଛୁଅଁନ୍ତି
ମୃତ ପ୍ରାୟ
ଶିଥିଳ ଭୋକିଲା ଭବିଷ୍ୟତ
କୁକୁଡ଼ା, ଛେଳି, ଘୁଷୁରୀ, ପୋଢ଼ ବଳି ଉପରାନ୍ତେ
ଦିଶାରୀ ସେଠି ହାତ ଟେକେ
ତେବେ ଯାଇଁ
ମୁଣ୍ଡ ଉପର ଟୋକେଇ ଭିତରେ
ତଳକୁ ଖସନ୍ତି
ମୁମୁର୍ଷୁ ମାନବ ।

ଭୋକ ନିଆଁରେ
ମାନବପଣିଆ ସେଠି ପାଉଁଶ
ସର୍ବ ପ୍ରଥମେ ପେଟ ପାଇଁ ତାର

ଆବଶ୍ୟକ ପୂର୍ଣ୍ଣ ଭୋଜନ
ତେବେ ଯାଇଁ
ବଣ୍ଡା କାନ୍ଦେଇଥାଏ ପୀଡ଼ିତ
ବାହକର ପେଟ ପାଇଁ ଆୟୋଜକ
ନିଜେ ନିଜକୁ ବିକ୍ରି କରେ
ଡାକଛାଡ଼େ ଜଲ୍‌ଦି ଜଲ୍‌ଦି କୁହ
କିଏ ମୋତେ କିଣି ନେବ ?
ବେକରେ ତାର ପଘା ଲାଗେ
ସାହୁକାର ଟାଣିନିଏ
ଜନ୍ମ ଜନ୍ମକୁ ରକ୍ତତାର
ସେଇ ଗୋତି ହୋଇ ବନ୍ଧା ହୁଏ ।

ବଣ୍ଡାର ଭୋକ ମେଣ୍ଟାଇବା ପାଇଁ
ଛଟପଟ ହୋଇଛି ସର୍ବପ୍ରଥମେ ସେଠି
ସଳପ ଗଛର ମା' ମନ
ମାଣ୍ଡିଆ, ସୁଆଁ ନ ଥିଲେ ନାଇଁ
ସେଇ ସଳପ ଗଛ ହିଁ
ଠିଆ ହୋଇଛି ସେମାନଙ୍କ ବୋଉ ହୋଇ
ଅଦିନରେ ବି ଝରାଇଛି ସେ ମାତୃରସ
ପୃଥିବୀ ମାଟିର ପ୍ରଥମ ବଣ୍ଡା
ଯେଉଁଦିନ ଛାଡ଼ିଥିଲା ରଡ଼ି
ଭୋକ ବିକଳରୁ
ଟିକିଏ ମୁକ୍ତି ପାଇବା ପାଇଁ ।

କିନ୍ତୁ, ଭୋକ ବୋଇଲେ-
ସେଠି ଚିଲିଚିକେନ୍ କିମ୍ବା ବିରିୟାନି ପାଇଁ
କେହି କେବେ କାନ୍ଦିବାର ନଜିର୍ ନାହିଁ
ସବୁ କଅଁଳ ଭବିଷ୍ୟତ ମାନଙ୍କର ସେଇ
ଚିର କାରୁଣ୍ୟ, ପ୍ରଶ୍ନବାଚୀ ମଉଳା ମୁହଁ

ଛାତି ଉପରୁ ତଳ ଅଣ୍ଟାଯାଏ
ଖସିପଡ଼ିଥାଏ ସେମାନଙ୍କ
ଆକଣ୍ଠ ପବନଭରା ଫମ୍ପା ପେଟ
ବାପା ବେଷ୍ଟରୁ ଫେରିଲେ
ବୋଧହୁଏ
ଝୁଲୁଥାଇପାରେ କାନ୍ଧରେ ତାର
ଠେକୁଆ, ବାରହା, କିମ୍ବା କୁଟ୍ରାର ଶବ
ନଇଲେ
ଅଣ୍ଟାରେ ତାର ଖୋସାଥାଇପାରେ
ପିରୀ ମାଉଁଶ, ମୂଷା ମାଉଁଶ, ନାଲି କାଇ
ଖଜୁରି ପୋକ, ଝଡ଼ି ପୋକ, କାଠି ପୋକ
ଅବା ବୋଉ ମୁଣ୍ଡରେ ଥାଇପାରେ
କିଛି ନା କିଛି କନ୍ଦ, କରଡ଼ି ସାଙ୍ଗେ
ସାପ ମାଉଁସ ।

ସେଠି ଅଖାଦ୍ୟ ବୋଇଲେ
ସେମିତି କିଛି ନଥାଏ
ଯାହାସବୁ ପାଟିକୁ ଯାଇପାରେ
ସେସବୁ ପେଟରେ ପହଁଚେ
କଇଁଆମଞ୍ଜି ଅଟାର ମଣ୍ଡା
ଶଳପଗଛ ଗଣ୍ଡି ଗୁଣ୍ଡର ଜାଉ
ଆଉ କୋଇଲି ଗୁଣ୍ଡର ପିଠା
ବିପର୍ଯ୍ୟୟ ଦିନମାନଙ୍କର
ଏକମାତ୍ର ସାହା
ଆଉ
ବ୍ୟାଘ୍ର ପରିତ୍ୟକ୍ତା ପଚାମଢ଼କୁ
ବେଢ଼ିବସନ୍ତି ବିଚରା କ୍ଷୁଧାର୍ତ୍ତ ବଣ୍ଡା
ମୁଞ୍ଜି ମାଉଁଶତକ ତତ୍‌କ୍ଷଣାତ୍
ସେମାନଙ୍କ ଭୋକ ମେଣ୍ଟାଏ

ବାକିତକ
କାଲିର ଭୋକ ପାଇଁ
ସମାନ ଭାଗରେ ଆଜିଠୁ
ଚୂଲି ଉପରେ ତାଙ୍କର ଝୁଲିକି ରୁହେ ।

ସେଠି ରାତି ପୂର୍ବରୁ
ଅନ୍ଧାର ମାଡ଼ି ଆସେ
ବତାସି ଦୌଡ଼ର ଦୈତ୍ୟ ରପରେ
ଆଲୁଅ କହିଲେ କେବଳ
କାଠଗଣ୍ଡି କେଇଖଣ୍ଡ ଦିକିଦିକି ହୋଇ
ଦିନରାତି ଜଳୁଥାଏ
ବାଘକୁ ଭୋକ କଲେ
ଗାଈର ପଘା ଛିଣ୍ଡେ
କଟାସର ଦାନ୍ତ
ଘୁଷୁରୀ ଛୁଆ ବେକରେ ପଶେ
ଭାଲୁ ପଣସ ଗଛରେ ଚଢ଼େ
ଶୁକ୍ରା ଧନୁରେ ତାର କାଣ୍ଡ ଯୋଖେ
ହେଟା ଛେଳି ମାଉଁସ ଛାଡ଼ି ହତାଶ ହୁଏ ।

ସୂର୍ଯ୍ୟ ଅସ୍ତ ନ ହେଉଣୁ
ବଣ୍ଡାମାନଙ୍କୁ କିନ୍ତୁ ସେଠି ଡୁମା ଗୋଡ଼ାଏ
କେହି କେହି ଥରି ଉଠନ୍ତି
ଦିଶାରୀ ମନ୍ତ୍ର ଉଚ୍ଚାଟ କରେ
ପୋଢ଼ ବଳି ପଡ଼େ
ପୁଣି ବିଚରା ବଣ୍ଡା
ଋଣ ଜାଲରେ ଛନ୍ଦିହୁଏ
ସାହୁକାର ହାତରେ ତାର
ପଘାଟାଏ ଧରି
ବରାବର ଚକର୍ କାଟୁଥାଏ

ଆଉ
ପରମ୍ପରାକୁ ଭୋକ କଲେ
ଗାଈ ସିଂଘରେ ଡାମରା ବସେ
ଶିଥିଳ ସ୍ପନ୍ଦିତ
ମୃତ ଘୋଷିତ ହୁଏ
ସ୍ତ୍ରୀ ଛାତି ଚିରି ତା ରକ୍ତ ଝରାଏ
କିନ୍ତୁ
ଉଷୁମ ପାଇଲା ମାତ୍ରେ
ବେଳେବେଳେ
ଜୁଇ ନିଆଁରୁ କାଠ ତଳକୁ ଖସେ
ଶବ ବଞ୍ଚି ଉଠେ
ଡୁମା ସନ୍ଦେହେ ପ୍ରେତହାର ଦଳ
ଛତ୍ର ଭଙ୍ଗ ଦିଏ
ବିଚରା ମୃତ ଘୋଷିତ
ଏକାକୀ ଘରକୁ ଫେରିପାରିଲେ
ବଣ୍ଡା ସେଠି
ଡୁମାରୁ ମଣିଷ ଆଖ୍ୟା ପାଏ ।

କାଳ, ମୋହ, ମାୟା

କାଳ ନିଗାଡ଼ିଦିଏ ଜୀବନ
ମାୟା ଜାବୁଡ଼ି ଧରିଥାଏ ତାକୁ
ଭିଡ଼ି ହୋଇଯାଏ ବପୁଟା ମୋର
ଠିକ୍ ଗୋଟାଏ
ପୋପରା ଇଲାଷ୍ଟିକ୍ ଫିତାଟେ ପରି
ଚଡ଼ଚଡ଼ କରି ଫାଟିଯାଏ ଚମଡ଼ା ଗୁଡ଼ାକ
ପିଣ୍ଡଟା ମୋର ଥରିଉଠେ
ସଙ୍କୁଚିତ ହୋଇଯାଏ ଫୁସ୍‌ଫୁସ୍
ହୃଦ୍‌ସ୍ପନ୍ଦନ ଲମ୍ଫ ମାରେ ସ୍ୱର୍ଗଆଡ଼କୁ
ପୁଣି
ଫଟ୍‌କିନା ଖସିଆସେ
ଭୂଇଁ ଉପରକୁ ।

କାଳ ଟାଣୁଥାଏ ମୋତେ ଆଗକୁ ଆଗକୁ
ପରକୁ ପର କେତେଯେ କେତେ
ଇଶାରା ସେ ଦେଇସାରିଲାଣି
କିନ୍ତୁ ମୋର ଧଳା ଚୂଟିରେ ଏବେ
କଳାରଙ୍ଗ ଲାଗିଲାଣି
ଶପଥ କରିଛି ଆଜି ମୁଁ
କାଲିଠୁ ଆଉ କେବେହେଲେ ଖାଇବିନି
ଲୁଣ, ଚିନି ଅବା ଖାସିମାଂସକୁ
ଯିବାକୁ ଅଛି ମୋତେ ଅନେକ ଦୂର
ଚତୁର୍ଥମହଲାର ଛାତଟା ପରା ମୋର
ଏଯାଏଁ ପଡ଼ିନି ।

କାଳ ଟାଣିଟାଣି ମୋତେ ଠେଲିସାରିଲାଣି
ଷାଠିଏ ଦଶକର ପରିସର ଭିତରକୁ

ଜୀଇଁରହିବାର ମୋଟାମୋଟି ଶତଷଠି ବର୍ଷଟା
ପାଖେଇ ପାଖେଇ ଆସିଲାଣି
ପୁଣି ଗୋଟାଏ କିଟିକିଟି କଳା ପରଚୂଳା
ମୁଣ୍ଡରେ ମୁଁ ଖଞ୍ଜିସାରିଲିଣି
ମଲ୍ ଭିତରୁ ଏବେ
ମୋ ପାଇଁ ଜୀନ୍ ସାଙ୍ଗକୁ
ଟି-ସାର୍ଟ ବି ଖୋଜା ଖୋଜି ହେଲାଣି
ପୁଅ ବାହାଘର ସରିଥିଲେ କ'ଣ ହେଲା
ଏ ଯାଏ ପରା ମୁଁ
ଜେଜେ ଡାକ ଶୁଣିନି ।

କାଳ ମୋ ସାଥେ ସାଥେ ଛାଇପରି ଅଛି
ଏବେ ମୁଁ ଆଇ.ସି.ୟୁ.ରେ ଭର୍ତ୍ତି
ଗତ ତିରିଶିବର୍ଷର ଇନ୍‌ସୁରାନ୍ସ
ସାର୍ଟିଫିକେଟ୍‌ଟା ପାଚିବାରେ
ଆଉ ମାତ୍ର ଗୋଟାଏ ଦଶନ୍ଧି ବାକି
ଚାରିଚକଟା ଚଢ଼ିବାର
ସମୟ ମୋ ପାଇଁ
ପାଖେଇ ପାଖେଇ ଆସୁଛି
ଆରେ କିଏ ଅଛରେ ଶୁଣ-
ଡାକ୍ତରମାନେ ଦିନଧାର୍ଯ୍ୟ
କରିସାରିଥିଲେ କ'ଣ ହେଲା
ଏଯାଏଁ ପରା ମୁଁ
ନାତି ବାହାଘର ଦେଖିନି ।

ଯଦିବା ମୋର କିଛି ହୋଇଯାଏ
ଗାଁ ମଶାଣିରେ ଶବଦାହ କରିବ
ସ୍ୱର୍ଗଦ୍ୱାର ମୋତେ ମୋଟେ ନେବନି
ସମାଧିଟା ମୋର ଯେମିତି ହେଲେ ବି
ଦାସଘର ସମାଧିଠୁ ଉଚ୍ଚା ଦେଖାଯିବ

ହଁ,
ବର୍ଷକୁ ବର୍ଷ ନିଶ୍ଚେ ରଙ୍ଗ କରୁଥିବ
ଫିକାପଡ଼ିବାକୁ ତାକୁ ମୋଟେ ଦେବନି।

ଶୁଣ-
ତୁମେ ତ ଜାଣିଛ
ଦିନ ଗୋଟାଏ ପରେ ମୁଁ ମୋଟେ ଖାଏନି
ପିଣ୍ଡଟା ଠିକ୍ ସମୟରେ ଦେବ
ଏବେ ସିନା ମୋତେ ସବୁ ମନା
ସେତେବେଳେ କିନ୍ତୁ ମୋତେ
ଖାସିମାଂସ ସାଙ୍ଗକୁ
ଆଳୁ ଦି'ଖଣ୍ଡ ଦେବାକୁ ମୋଟେ ଭୁଲିବନି
ହଁ,
ଝୋଲଟା ଯେମିତି
ମୋଟେ ପତଳା ନ ହୁଏ
ସେଥିପ୍ରତି ଧ୍ୟାନ ଦେବ
ସାତଖଣ୍ଡ ଗାଁର ଲୋକଙ୍କୁ ଡାକିବ
ମୋ ବର୍ଷିକିଆ କର୍ମକୁ
ଦାସଘର ପରି
ମୋଟେ ସୁଣ୍ଢିଆ ହେବନି
ଲୋକେ ଯେମିତି ମନେରଖିବେ
ମୋ ଦଶାହ ଭୋଜିକୁ ଯୁଗଯୁଗକୁ
ଠକିବାକୁ ମୋତେ
ମୋଟେ ଚେଷ୍ଟାକରିବନି ।

ନିଃଶବ୍ଦ ଇଲାକାର ନିରବ ପ୍ରଶ୍ନ

ଚିହ୍ନ - ଅଚିହ୍ନା
ଅନେକ ମିଷ୍ଟଭାଷୀ - କଟୁଭାଷୀ
କୁତ୍ସିତ - କନ୍ଦର୍ପ,
ଧନୀ - ଗରିବ
ଏକ ତାରକା ଅବା ପଞ୍ଚତାରକା ମାନେ
ଧସେଇ ପଶନ୍ତି
ମୋ ବପୁ ଭିତରେ
ରାତ୍ରିର କିଟିମିଟି ଅନ୍ଧାର ବେଳାରେ
ଅଥବା
ଧୁ ଧୁ ଖରା ବେଳଟାରେ
ଆଶ୍ଚର୍ଯ୍ୟର କଥା
ଆଉ କେତେଜଣ ଭିନ୍ନକ୍ଷମ ବି
ଅପେକ୍ଷାରେ ରହିଥାନ୍ତି
ବିରାଟ ଏକ ଲମ୍ବା ଧାଡ଼ିରେ
ପ୍ରାତଃ ମୁହୂର୍ତ୍ତର
କାକର ଭିଜା ପ୍ରାଙ୍ଗଣ ଭିତରେ ।

କେମିତି ବା ମୁଁ କହିବି
ତୁମ ପାଖେ ଦାବି ମୁଁ କରିବି
ଏ ହିଁ ତୁମର ସନ୍ତକ ବୋଲି
ପ୍ଲାକାର୍ଡ ଧରିବି
ନ୍ୟାୟାଧିଶଙ୍କ ପାଖେ
ଗୁହାରି ଜଣାଇବି
ସତ କହିଲେ
ଏ ତ ମୋ ପୋଡ଼ା ଶବର

ପାଉଁଶ ପିଣ୍ଡୁଳାଟାଏ ମାତ୍ର
କିନ୍ତୁ
ମନା କେବେହେଲେ କରିବିନି
ମୁଁ ହିଁ ନିଶ୍ଚେ ଜନ୍ମଦାତ୍ରୀ ତା'ର ।

ମିଛ କେବେହେଲେ ବି କହିବିନି
ସତ କହିଲେ
ତୁମ ଦେହର ହୁତୁହୁତିଆ
ନିଆଁ ଲିଭିଗଲା ପରେ
ମୋ ଚୁଲି ଜଳେ
ତୁମର ସବୁ ସନ୍ତାନମାନଙ୍କ
ପେଟପୁରେ
ମନା ନାହିଁ ତୁମେ ତାଙ୍କୁ
ଜାରଜ ବୋଲି ଆଖ୍ୟା ଦେଇପାର
ପୁଣି ଡିମ୍ ଡିମ୍ ଡେଙ୍ଗୁରା ବି ବଜାଇପାର
ସ୍ମିତ ହାସ୍ୟେ ଫୁସ୍କିନା କହିପାର
ବାରଙ୍ଗନାର ପୁଣି ଅଭାବ ବା କ'ଣ
ସେ ପରା
ନିଇତି କରିପାରେ ଆୟ ।

ଶବ କ'ଣ ସତରେ
କେବେହେଲେ
କାନ୍ଦିପାରେ ନା ମରିପାରେ
ମୁଁ ତ କେବଳ
କାଠଗଣ୍ଡିଟାଏ ପରି ପଡ଼ିରହିଥାଏ
ତୁମେ ନ ଯାଉଣୁ
ଆଉ ଜଣଙ୍କ ପାଇଁ
ଟିକଟ ମଧ୍ୟ କଟା ସରିଥାଏ ।

ମୁଁ ନିଇତି ମରେ
ଜଳେ, ପାଉଁଶ ହୁଏ
ଗୋଟିଏ ନିବୁଜ କୋଠରୀ ଭିତରେ
ଯାହାକୁ ତୁମେ
ସଭା ସମିତିରେ
ରଂଗକୋଠୀ ବୋଲି କହିଥାଅ
ତୁମର ସବୁ ସନ୍ତାନମାନେ
ସେଇଠି ଉଷୁମ ପାଆନ୍ତି
ଅନ୍ତୁଡ଼ିଶାଳ ବୋଲି
ତାଙ୍କ ପାଇଁ
ସେମିତି କିଛି ଏଠି ନଥାଏ ।

ତୁମ ନର୍ଦ୍ଦମାର
ସାଲୁବାଲୁ ଲାଙ୍ଗୁଡ଼ା ପୋକ ଏମାନେ
କେମିତି ବା ବଞ୍ଚି ରହିପାରିବେ
ଗୋଟାଏ ସୀମିତ ଜାଗା ଭିତରେ
ଖାଲି ଖୁନ୍ଦି ହୁଅନ୍ତି
ରୁନ୍ଧି ହୁଅନ୍ତି
ଠେଲା - ପେଲା, କାମୁଡ଼ାକାମୁଡ଼ି
ମରନ୍ତି, ଶଢ଼ନ୍ତି
ସମସ୍ତେ ତାରି ଭିତିରେ
ଆଉ କେତେ ଜଣ କିନ୍ତୁ
ଜୀବନକୁ
ଛଡ଼େଇ ଆଣିବା ପାଇଁ ମୃତ୍ୟୁ ଠାରୁ
ପଶନ୍ତି ଯାଇଁ
ତୁମ ଘରେ, ତାଙ୍କ ଘରେ
ଅବା ଅନାଇଥାନ୍ତି
ତୁମ ହାତ ଟେକାକୁ
ବସ୍ ଭିତରେ, ଟ୍ରେନ୍ ଭିତରେ

ରାସ୍ତାରେ, ଘାଟରେ
ହାଟରେ, ବାଟରେ ଅବା
ମନ୍ଦିର ପ୍ରାଙ୍ଗଣର ଫାଟକ ସାମ୍ନାରେ ।

ମୁଁ ବା କିଏ ଏ ଦେଶରେ ?
କାହିଁ ବା ମୋର
ପ୍ରଶ୍ନ ପଚାରିବାର ଅଧିକାର ??
କିଏ ବା କାହିଁକି ଶୁଣିବ
ମୋ ଡାକ ???
ଏମାନେ ପରା ସମସ୍ତେ
ଅଣବାପୁଆ; ଜାରଜ
ସାଙ୍ଗିଆ ବିହୀନ
ମୁଣ୍ଡ ନ ଥିବା ମଣିଷ
ଯାଉ -
ପାଣି ଫାଟିଯାଉ
ଶହ ଶହ ଶୂନ୍ୟକାଳ
ଏମାନଙ୍କ ପାଇଁ ପୁଣି
କିଏ, କାହିଁକି ବା ଉଠାଇବ
ତାରକା ବା ଅଣତାରକା ପ୍ରଶ୍ନ
ଏମାନେ ସତରେ କ'ଣ
କେବେହେଲେ ପାଇ ପାରିବେ ସୁବିଧା
ରୋଜଗାର ପାଇଁ ଥିବା ସରକ୍ଷଣ ବ୍ୟବସ୍ଥାର
ହାଏରେ ପୁରୁଷ
ଧନ୍ୟ ତୋ ମୁରବି ପଣିଆ,
ଧନ୍ୟ ତୋ ଚିନ୍ତା
ଧନ୍ୟ ତୋ ଚକ୍ରବ୍ୟୁହ
ଧନ୍ୟ ତୋ ସମାଜ
ଧନ୍ୟ ତୋ ପୁରୁଷ ପଣିଆ ।

■

ମୁଁ ଅଗ୍ନିଗର୍ଭା କହୁଛି

ଉଠରେ ଓଡ଼ିଆ ଉଠରେ ଓଡ଼ିଆ
ଆଉ କେତେ କାଳ ଥିବୁ ଶୋଇ
ଛଞ୍ଚାଣ, ଶାଗୁଣା ଚାଳେ ବସା ବାନ୍ଧିଲେଣି
ଖୁମ୍ପି ଖାଇଯିବେ କଞ୍ଚା ତନୁକୁ ତୋହର
ରକ୍ତ ଛିଟିକା ତୋ ବାଷ୍ପ ହୋଇଯିବ
କଙ୍କାଳ ରହିବ ନାହିଁ ।
ଜାଣିଥା ଜାଣିଥା ଓଡ଼ିଆ ପୁଅରେ
ଦିନ ଆସୁଅଛି ଏ ମାଟିରୁ ତୁମର
ଡି.ଏନ୍.ଏ. ପାଇଁକି ନମୁନା ମିଳିବ ନାହିଁ
ଶୋଇଛ ତୁମେରେ ଘୋର ଅନ୍ଧାର ଭିତରେ
ରାସ୍ତା ଯିବା ଦିଶୁ ନାହିଁ
ଉଠିଆସ ତୁମେ ହେଁସ ଭିତରୁ
ଆଲୁଅ ଜାଳୁଛି ମୁହିଁ ।

ବଧ କରିଦିଅ କାହିଁ ମାଟି-ମା'କୁରେ
ଏ ଟଙ୍କିକିଆ ଦାନା ପାଇଁ
ପାଞ୍ଚ ବରଷିଆ ବନ୍ଧା ଦେଉଛ
କ୍ଷେତକୁ ତୁମର
ଆନ୍ଧ୍ରଭାଇଟା ଛାଣିକି ନେଉଛି
ଦାନା ସବୁ ସେଥୁ
ଏ କଥା କି ଦିଶୁ ନାହିଁ ?
ଖଟୁଥା ଖଟୁଥା ଦାଦନ ତୁହିରେ
ପୁଣି ତୋହର ମାଟିର ଖଣି ବିକିଦେଇ
ଚାକର ହୋଇକି ବୋକଚା ବୋହିବା ପାଇଁ
ଧାଉଁଥା ଧାଉଁଥା ଖାଲି ଚାକିରି ପଛରେ

ନିଜତ୍ୱ କିବା ତୋ ନାହିଁ ??
ବାଣିଜ୍ୟ ତୁ କାହିଁ ଶିଖିଲୁ ନାହିଁରେ
ତୋ ନିଦ କିମ୍ବା ଭାଙ୍ଗୁ ନାହିଁ
ଚାଷକୁ ଭୁଲିଲୁ, ହାତକୁ ବାନ୍ଧିକି ବସିଲୁ
କୋଢ଼ିଆ ହୋଇକି କେତେକାଳ ତୁରେ
ଶୋଇଥିବୁ ଆରେ
କହ ପୁଣି କାହା ପାଇଁ ?
ଉଠରେ ଓଡ଼ିଆ ଉଠରେ ଓଡ଼ିଆ
ଆଉ କେତେକାଳ ଥିବୁ ଶୋଇ
ଉଠି ଆସ ତୁମେ ହେଁସ ଭିତରୁ
ଆଲୁଅ ଜାଳୁଛି ମୁହିଁ ।
ମାରୁଆଡ଼ି ପୁଅ, ପଞ୍ଜାବୀ ଭାଇ
ଯୋକସାଜି ତୁମ
ରକ୍ତ ଶୋଷିଲେଣି
କଷ୍ଟ କିମ୍ବା ଲାଗୁ ନାହିଁ ?
କହରେ ଓଡ଼ିଆ କହରେ ଓଡ଼ିଆ
ବାଣିଜ୍ୟ କରିବୁ କେମିତି ତୁହିରେ
ତୋହର ମାଟିର ବଜାର ଭିତରେ
ତୋତେ ଜାଗା ଖଣ୍ଡେ ମିଳୁ ନାହିଁ !
ଶୋଇଥିଲୁ ଆରେ କାହିଁ କେତେକାଳୁ
ଫୁଙ୍ଗୁଳା ଦେହରେ ଘୁଙ୍ଗୁଡ଼ି ମାରିକି ତୁହି
ଆଜି ଆଖି ମଳିମଳି କହୁଛୁ କ'ଣ ନା
ଅଣଓଡ଼ିଆ ଗୁଡ଼ାକ ତୋ ଜମି ନେଇଗଲେ
ବାଣିଜ୍ୟ ପାଇଁକି ମାଟିରେ ତୋହର
ତୋତେ ଜାଗା ଖଣ୍ଡେ ମିଳୁ ନାହିଁ !!
ଆରେ ଜାଣୁନୁ କାହିଁରେ
ଇଂରାଜୀ ସ୍କୁଲ, ଡାକତରଖାନା
ମାଫିଆ ଗୁଡ଼ାକ, ଖଣ୍ଟ ସାଜି ତୁମ
ରକ୍ତ ଶୋଷୁଛନ୍ତି

କଷ୍ଟ କିମ୍ପା ଲାଗୁ ନାହିଁ ?
ଉଠରେ ଓଡ଼ିଆ, ଉଠରେ ଓଡ଼ିଆ
ଆଉ କେତେକାଳ ଥିବୁ ଶୋଇ
ଉଠିଆସ ତୁମେ ହେଁସ ଭିତରୁ
ଆଲୁଅ ଜାଳୁଛି ମୁହିଁ ।

ଆରେ
ମାଟିବି ଆମର, ପାଣିବି ଆମର
ଆନ୍ଧ୍ର ଲୋକଟା ଝାମ୍ପିନେଇଯାଏ ତାକୁ
ଏହା କିମ୍ପା ଦିଶୁ ନାହିଁ
ଛତିଶଗଡ଼ର ବନ୍ଧଟା ଜାଣିଥା
ଶୁଆଇ ଦେବରେ ତଳାକୁ ତୁମର
ତୋ' ବିହନ ରହିବ ନାହିଁ ।
କେତେ କାଳ ତୁରେ ବିକୁଥିବୁ ମତ
ପାଞ୍ଚଶ ଟଙ୍କାଟା ଆଉ ମଦ ବୋତଲଟା ପାଇଁ
ଜାଣିଥା ଜାଣିଥା ଓଡ଼ିଆ ପୁଅରେ
ଗୁଡ଼ ନେଡ଼ିରୁ ତୋ' ବୋହି ଆସି ଆଜି
କହୁଣୀରେ ଲାଗିଲାଣି
କେତେ ଦିନ ଆଉ ଗୋଡ଼ଟଣା ନୀତି
ମୁଣ୍ଡେ ଭରି ରଖିଥିବୁ
ବଙ୍ଗାଳୀ ଭାଇଠୁ ଏକାଠି ହେବାଟା
କାହିଁକି ଶିଖିଲୁ ନାହିଁ ?
ଶଗଡ଼ ଚକର ଖେଳ ଦେଖାଇବା
ଯୁଗତ ଗଲାଣି ହେଜ କିମ୍ପା ପଶୁ ନାହିଁ
ନିଦ ଭାଙ୍ଗି ତୁମେ ଅଣ୍ଟା ଭିଡ଼ି ଆସ
ଏକାଠି ହୋଇକି ବାନ୍ଧି ହୋଇଯିବା
ନୂଆ ଓଡ଼ିଶାଟା ତିଆରି କରିବା ପାଇଁ ।

ଉଠରେ ଓଡ଼ିଆ ଉଠରେ ଓଡ଼ିଆ
ଆଉ କେତେ କାଳ ଥିବୁ ଶୋଇ
ଛଞ୍ଚାଣ, ଶାଗୁଣା ଚାଳେ ବସା ବାନ୍ଧିଲେଣି
ଖୁମ୍ପି ଖାଇଯିବେ କଞ୍ଚା ତନୁକୁ ତୋହର
ରକ୍ତ ଛିଟିକା ତୋ' ବାଷ୍ପ ହୋଇଯିବ
କଙ୍କାଳ ରହିବ ନାହିଁ
ଜାଣିଥା ଜାଣିଥା ଓଡ଼ିଆ ପୁଅରେ
ଦିନ ଆସୁଅଛି ଏ ମାଟିରୁ ତୁମର
ଡି.ଏନ୍.ଏ. ପାଇଁକି ନମୁନା ମିଳିବ ନାହିଁ
ଶୋଇଛ ତୁମେରେ ଘୋର ଅନ୍ଧାର ଭିତରେ
ରାସ୍ତା କିବା ଦିଶୁ ନାହିଁ
ଉଠି ଆସ ତୁମେ ହେଁସ ଭିତରୁ
ଆଲୁଅ ଜାଳୁଛି ମୁହିଁ ।

■

ପ୍ରକଳ୍ପର ନା ମରୀଚିକା

ଆକାଶର ଉଡ଼ନ୍ତା ପକ୍ଷୀ
ଯେତେବେଳେ
ଭୂଇଁ ଉପରେ ଦାନା ସାଉଁଟୁ ସାଉଁଟୁ
ଉଡ଼ିବ ଉଡ଼ିବ ବୋଲି ଭାବୁ ଭାବୁ
ଶଗଡ଼ ଚକ ତଳେ ମରେ
ତାକୁ ହିଁ ଦୁର୍ଭାଗ୍ୟ କୁହାଯାଏ ।

ଏ ଦୁର୍ଭାଗ୍ୟ ଆଗରେ
ଆମ ଦୁର୍ଭାଗ୍ୟଗୁଡ଼ାକ ସବୁ
ଫିକା ଫିକା ମନଗଢ଼ା ଲାଗନ୍ତି ।

ଆଉ ସୌଭାଗ୍ୟର ସଂଜ୍ଞା ଖୋଜୁ ଖୋଜୁ
ଘରକୋଣରେ ଶୋଇ ରହିଥିବା
ଅଜଣା ନେତାଙ୍କୁ ଯେତେବେଳେ
ପ୍ରଧାନମନ୍ତ୍ରୀଙ୍କ ଆସନ ଅଳଙ୍କୃତ
କରାଇ ଦିଆଯିବା କଥା ମନେପଡ଼େ
ସୌଭାଗ୍ୟ କ'ଣ
ଆପେ ଆପେ ବୁଝା ପଡ଼ିଯାଏ ।

ସୌଭାଗ୍ୟ ତ ସବୁବେଳେ
ଗୋଟାଏ ମରୀଚିକା
ଏହା କୋଟିକରେ
ଗୋଟିଏକୁ ଉଲ୍‌କା ପରି ମିଳେ ।

ବିନା କର୍ମରେ
ଏ ମରୀଚିକା ପଛରେ ଧାଇଁ ଧାଇଁ
ଆକେତା-ମାକେତା ହେବା ସାର ହୁଏ ସିନା
ହାତମୁଠାରେ ଏହା କେବେ ହେଲେ ଧରାପଡ଼େନା ।

ସୌଭାଗ୍ୟ ଆଉ ଦୁର୍ଭାଗ୍ୟ ମଝିରେ
ପେଷି ହୋଇ
କର୍ତ୍ତବ୍ୟକୁ ଭଲ ପାଇ ବସିଲା ବେଳକୁ
ଜୀବନର ସାୟାହ୍ନ ଘୋଟି ଆସିଥାଏ ।

କତରାରେ ଅନେକ ଦିନ
ଜୀଅନ୍ତା ଶବ ହୋଇ ପଡ଼ି ରହିଲାପରେ
ମୃତ ବାପାବୋଉଙ୍କ କଥା ମନେପଡ଼େ
ନୂଆ ଉଦ୍ଦୀପନାରେ
କର୍ତ୍ତବ୍ୟ ପାଇଁ ଜାଗ୍ରତ ହେଲାବେଳକୁ
ପାଦରୁ ଭୂଇଁ ଖସି ସାରିଥାଏ ।

ଶ୍ମଶାନରୁ କେବଳ ଡାକ ଆସୁଥାଏ
ଆ, ଆ ମୋ ମାଟିକୁ ଆ
ମାଲୁଆ ଭାଇମାନେ କୋକେଇ ସଜାଡ଼ନ୍ତି
ଶେଷରେ,
ଅକାରଣେ ଜୁଇରେ ଚଢ଼ିବା ସାର ହୁଏ ସିନା
ଜୀବନକୁ ଆମେ ବେଳହୁଁ ଚିହ୍ନିପାରୁନା ।

ହଜିଲା ବାସ୍ନା-ମୋ ଗାଁର

ଛତିଶା ପାଟକ ନିଯୋଗ ଡୋରିରେ
ଗାଁବାଲା ସବୁ ବନ୍ଧା ହୋଇଥିଲେ
ହେଲେ
ସହରଟା ଆଜି ମାଡ଼ିଆସିବାରୁ
ଗଉଡ଼, ଗୁଡ଼ିଆ, ଧୋବା, ବ୍ରାହ୍ମଣ
କେହିହେଲେ ଗୋଟେ ସେବା ଦଉନି
କି ବନ୍ଧୁଘର ବାପା ସ୍ଥିର କରିଦେଲେ
କୁଆଁରୀ କନିଆଁ କା'ନ୍ଦଣା ଶିଖୁନି
ବରଯାତ୍ରୀ ଦଳ ଗାଁ ମୁଣ୍ଡେ ପହଞ୍ଚିଲେ
ଆଳିପଣା ଆଉ ମୋଟେ ହେଉନି
କି ଗାଁ ଝିଅ ଆଜି ପାଲିଙ୍କିରେ ବସି
ଶାଶୁଘର ପାଇଁ ବିଦା ହେଉନି
ମୋ ଗାଁ ଆଉ କାହିଁ
ବାସ ଛାଡୁନିରେ ବାସ ଛାଡୁନି
ମୋ ଗାଁ ଆଉ କାହିଁ ବାସ ଛାଡୁନି ।

ଗାଁ ଦାଣ୍ଡେ ଆଉ ଭୋଜି ପତ୍ର ପଡୁନି
କି ବାରିକ ଭାଇଟା ଅନ୍ନ ପୂର୍ବରୁ
ଲୁଣ, ଲଙ୍କା ଆଉ ଲେମ୍ବୁ ଦଉନି
ଷଢ଼େଇ ଡଙ୍କାରେ
ମୁଢ଼ିଘାଣ୍ଟ ଆଉ ପତ୍ରେ ପଡୁନି
କି କ୍ଷୀରୀ ସାଙ୍ଗେ ପିଠା ଦିଆଯାଉନି
ପ୍ରାତ ମୁହୂର୍ତ୍ତରୁ ଦୁଆର ମୁହଁରେ
ଗୋବର ପାଣି ଛିଞ୍ଚା ହେଉନି
କି ମାଣବସା ହେଲେ
ଚକୁଳିପତ୍ର ପିଠା ଆଉ ମୋଟେ ପୂଜାପାଉନି

ମୋ ଗାଁ ଆଉ କାହିଁ
ବାସ ଛାଡୁନିରେ ବାସ ଛାଡୁନି
ମୋ ଗାଁ ଆଉ କାହିଁ ବାସ ଛାଡୁନି ।

ମାଳି ଆଉ ଆଜି ଫୁଲ ତୋଳୁନି
କି ଠାକୁର ଆଜି ମୋ
ନିତି ସମୟରେ ପୂଜାପାଉନି
ତେଲି ଆଜି ଆଉ ଘଣା ପେଲୁନି
କି କଂସାରୀ ଭାଇଟା ଶାଳ ଖୋଲୁନି
ଗଣେଶ ପୂଜାରେ ସ୍କୁଲ ପିଣ୍ଡାରେ
ଭୋଜି ଖାଇବାକୁ
ପିଲାମାନଙ୍କର ଧାଡ଼ି ଲାଗୁନି
କି ଗାଁ ବୋହୂଟିର ଛିଣ୍ଡା ପାଉଁଜିକୁ
ବଣିଆ ଭାଇଟା ଗୁନ୍ଥି ଦେଉନି
ମୋ ଗାଁ ଆଉ କାହିଁ
ବାସ ଛାଡୁନିରେ ବାସ ଛାଡୁନି
ମୋ ଗାଁ ଆଉ କାହିଁ ବାସ ଛାଡୁନି ।

କୋଇଲିର ଆଉ କୁହୁ ଶୁଭୁନି
କି ହଳଦୀବସନ୍ତ ଗୀତ ଗାଉନି
ଗାଁ ପୋଖରୀରେ ଚାପଡଙ୍ଗା ପଡୁନି
କି ଜାନୁଘଣ୍ଟିଆର ଘଣ୍ଟ ଶୁଭୁନି
ଚକୁଳିଆପଣ୍ଡା ଆଉ ଭିକ୍ଷା ମାଗୁନି
କି ଧୁଡୁକି ସାଙ୍ଗକୁ
ଘୋଡ଼ାନାଚ ଆଉ ମୋଟେ ହେଉନି
କି ଗାଁ ପଡ଼ିଆରେ ରାସଲୀଳା ପାଇଁ
ଛାମୁଡିଆ ଆଉ ବନ୍ଧା ହେଉନି
ମୋ ଗାଁ ଆଉ କାହିଁ
ବାସ ଛାଡୁନିରେ ବାସ ଛାଡୁନି
ମୋ ଗାଁ ଆଉ କାହିଁ ବାସ ଛାଡୁନି ।

ଗାଁ ମୁଣ୍ଡୁ ଆଉ ଚାଳଘର ଦିଶୁନି
କି ଆଟୁଘର ଅଣ୍ଡା ମୋତେ ମିଳୁନି
ଭାଗବତ ଟୁଙ୍ଗି ଆଉ ବଞ୍ଚିରହିନି
କି ବର ଓହଳରେ ଆଉ
କେହିହେଲେ ଜଣେ ଦୋଳି ଖେଳୁନି
ବାଉଁଶ ଦୋଳିରେ ଆକାଶକୁ ଉଠି
ଭାଇମୁଣ୍ଡେ ଆଉ ଭଉଣୀଟା ଆଜି
ରଜାମୁକୁଟଟା ବାନ୍ଧିଦେଉନି
କି ରଜ ମଉଜରେ ମୁଢ଼ିନଡ଼ିଆ ସାଙ୍ଗକୁ
ତାଳପୋଡ଼ପିଠା କଟା ହେଉନି
ମୋ ଗାଁ ଆଉ କାହିଁ
ବାସ ଛାଡୁନିରେ ବାସ ଛାଡୁନି
ମୋ ଗାଁ ଆଉ କାହିଁ ବାସ ଛାଡୁନି ।

ଗାଁ ମୁଣ୍ଡେ ଆଉ ଆଖୁଶାଳ ପଡୁନି
କି ଫୁଟନ୍ତା ଦୋରୁଅ ଚେକା ହାଣ୍ଡିଟାରେ
ଆଳୁ-କନ୍ଦମୂଳ ସିଝା ହେଉନି
ହାଣ୍ଡି, ବଣା, କିମ୍ବା ମାଠିଆ ଭିତରେ
ଗୁଡ଼ ଆଉ ମୋତେ ସା'ଇତା ହେଉନି
କି ଅଥାର ହାଣ୍ଡିରୁ
ଭୋଗେଇ ପିଠାର ବାସ ଆସୁନି
ବଡ଼ମୁଣ୍ଡଟାଏ ଗଡ଼ି ଗଲାପରେ
ଡାଲେମା ସାଙ୍ଗକୁ
ଚୁଡ଼ା ଆଉ ମୋତେ ଘଷା ହେଉନି
କି ନିମିତ୍ତ ସମୟେ ମାମୁଁ ଘରୁ ଆଉ
ସାରୁ, କନ୍ଦମୂଳ ଭାର ଆସୁନି
ମୋ ଗାଁ ଆଉ କାହିଁ
ବାସ ଛାଡୁନିରେ ବାସ ଛାଡୁନି
ମୋ ଗାଁ ଆଉ କାହିଁ ବାସ ଛାଡୁନି ।

ଆତୁର ବାର୍ଦ୍ଧକ୍ୟ, ସ୍ତବ୍ଧ ମୃତାତ୍ମା

ଦୂରରୁ ପଚାରିବତ
ସବୁ ଭଲ ହିଁ ତ କହିବି ନା
ଖାଲି ଏତିକି ଜାଣିଥାଅ
ପୁଅ ଆମର କେବେଠୁ
ବିଦେଶରେ ଚାକିରି କରସାରିଲାଣି ।

ତୁମେ ତ କହୁଥିଲ -
"ସମୟ, କଥା, ଆଉ ଇଜ୍ଜତ
ଥରେ ଚାଲିଗଲେ,
ଆଉ କେବେ ଫେରନ୍ତିନି"
ଏହାକୁ ଯିଏ କହିଥିଲେ
ତାଙ୍କ ପାଖକୁ
ଏବେ ମୁଁ ଚିଠିଟିଏ ଲେଖିବସିଛି
'ସମୟ', 'କଥା' 'ଇଜ୍ଜତ' ପରେ ପରେ
'ବିଦେଶାଗତ - ପୁଅ' ଶବ୍ଦଟିକୁ
ଯୋଡ଼ିଦେବା ପାଇଁ ଅନୁରୋଧ କରୁଛି ।

ଏଇ ତ କେତେ ଘଣ୍ଟା ପୂର୍ବରୁ
ପୁଅ ଆମର ହସିହସି
ଦୂରଭାଷରେ କହିଲା-
"ବାପା,
ତୁମେ ଆଉ ବାରମ୍ବାର ଫୋନ୍ କରି
ମୋତେ ବ୍ୟସ୍ତ କର ନାହିଁ
ତୁମେ ଯାହା କହୁଛ
ମୁଁ ଯଦି ଗାଁକୁ

ବେଳେବେଳେ ନ ଯାଏ
ଆମ ଘରର 'ଇଜ୍ଜତ'
ମାଟିରେ ମିଶିଯିବ
ଟିକିଏ ଚିନ୍ତାକରି ଦେଖିଲ
ଏ ଦେଶର ଲୁଣ ଯେତେବେଳେ ଖାଉଛି
କୃତଘ୍ନ ହେବି କେମିତି ?
ସେଇଥିପାଇଁ ତ ଇତି ମଧ୍ୟରେ
ଏ ଦେଶର ନାଗରିକତ୍ୱ
ମୁଁ ନେଇ ସାରିଛି" ।

ଆଉ ଗୋଟେ କଥା ବାପା-
"ମୋ ବାହାଘର ପାଇଁ ବି
ତୁମେ ମୋଟେ ଚିନ୍ତା କରିବନି
ଅଗ୍ନିକୁ ସାକ୍ଷୀ ରଖିନପାରିଲେ କ'ଣ ହେଲା
ଇତି ମଧ୍ୟରେ
ଯୀଶୁଙ୍କ ସାମ୍‌ନାରେ
ଜୁଲିଏଟ୍ ଖ୍ରୀଷ୍ଟିନାକୁ
ମୁଦି ବି ପିନ୍ଧାଇ ସାରିଲାଣି"।

ହଁ ବାପା, ଜାଣି ରଖ -
"ଏଠି ବୁଢ଼ା ବାପାବୋଉଙ୍କ ସ୍ଥାନ
ବିବାହିତ ପୁଅପାଖେ ନଥାଏ
ତୁମକୁ ଯଦି ଖାଉଁ ଖାଉଁ ଲାଗୁଛି
ଚାରି ପାଞ୍ଚଟା ବୃଦ୍ଧାଶ୍ରମର
ଠିକଣା ପଠାଇ ଦେଇଛି
ସାଇତିକି ରଖିବ
ମୋଟେ ହଜାଇବନି
ଆଜି ନ ହେଲେ କାଲି
ତୁମ କାମରେ ନିଶ୍ଚୟ ଆସିବ"।

ବାପାର ଆତୁର ବାର୍ଦ୍ଧକ୍ୟ
ହଠାତ୍ ଚିତ୍କାର କରିବାକୁ ଲାଗିଲା-
"ଆରେ ହେ ନନା, ହେ ଭାଇନା
ଶୁଣରେ ଶୁଣ
ମଣିଷ ବଞ୍ଚି ଥାଉଁ ଥାଉଁ
ଜୀଅନ୍ତା ଶବ ପାଲଟି ପାରେରେ
ଜୀଅନ୍ତା ଶବ ପାଲଟି ପାରେ
ପୁଣି ମରିଗଲା ପରେ ବଞ୍ଚିକି ବି
ରହିପାରେରେ ବଞ୍ଚିକି ରହିପାରେ
ଏଇ ଦେଖୁନ-
"ବାବୁଲି ବୋଉର
ଜୀଅନ୍ତା ମୃତାତ୍ମାଟା କେମିତି
ଏଇ ସାଥି ସାଥି ଜଡ଼ ପାଲଟିଗଲା
ପୁଣି ବଞ୍ଚି ଉଠିଲା ସେ
ଏବେ ମୋତେ ଖାଲି ସେ ଡାକ ଛାଡୁଛି
ଆ, ଆ ମୋ ପାଖକୁ ଚାଲିଆ
ଆ, ଆ ମୋ ପାଖକୁ ଚାଲିଆ
ଆ, ଆ ମୋ ପାଖକୁ ଚାଲିଆ" ।

■

ପ୍ରତୀକ୍ଷା - ଏକ ରମ୍ୟ ପୁଷ୍ପର

କହରେ ଫୁଲ
ତତେ କି ରଙ୍ଗ ଆଉ
କି ରୂପ ଦେବି
ତୁ ବଞ୍ଚିରହିପାରିବୁ ସାରା ଜୀବନ
ତୋ ମା ସାଙ୍ଗେ
ଖାଲି ଖିଲି ଖିଲି ହସୁଥିବୁ
ଆଉ ବାସ ଚହଟାଉଥିବୁ
ତୋ ଡେମ୍ଫ ଶୁଖି
ଝଡ଼ି ନପଡ଼ିଲା ପର୍ଯ୍ୟନ୍ତ !
ଆଉ କେବେହେଲେ କରୁନଥିବୁ
ପ୍ରଶ୍ନ ତୋ ମା'କୁ
"ମା, ଏ ଜୀଅନ୍ତା ନରଦେବତା ଗୁଡ଼ାକ
ଜଡ଼ଦେବତାମାନଙ୍କୁ
ଏମିତି ଭକ୍ତି କରନ୍ତି କାହିଁକି ?
କାହିଁକି, କାହିଁକି ଶୁଖା କାଠଗଣ୍ଡି
ଆଉ ପଥର ମୁଣ୍ଡାଗୁଡ଼ାକୁ
ଏମାନେ ପୂଜା କରନ୍ତି ??
ଆଉ
ମୋ କଞ୍ଚା ନାହିନାଡ଼ା ଛିଣ୍ଡେ
ତୁ ରକ୍ତାକ୍ତ ହେଉ, ମୁଁ ଛଟପଟ ହୁଏ
ଖାସ୍
ମୋ ରୂପ, ରଙ୍ଗ
ଆଉ ବାସ ପାଇଁ ନା ମା ?
ଆଉ ମୁଁ ଜୀଅନ୍ତା ବୋଲି ନା ମା' ??

ମୁଁ ମରେ
କେତେବେଳେ କଢ଼ି ଅବସ୍ଥାରୁ ତ
ଆଉ କେତେବେଳେ
ଅଧା ଫୁଟାରୁ କି
ଆଉ କେତେବେଳେ
ତୋ ମଥାର
ପୂର୍ଣ୍ଣ ମୁକୁଟ ସାଜିବା ପୂର୍ବରୁ ।
ତୁ ରୋଦନ କରୁ
ଭୂଇଁ ବି ତୋ ସାଙ୍ଗେ କାନ୍ଦେ
ପବନ କମ୍ପି ଉଠେ
ସୂର୍ଯ୍ୟ ମଉଳି ଯାଏ
ଆଉ ସେପଟେ
ଜଡ଼ ଦେବତାମାନେ
ସଜେଇ ହେଉଥାନ୍ତି
ଗୁନ୍ଥା ହୋଇଥିବା
ପେନ୍ଥାକୁ ପେନ୍ଥା
ମୋ ଶବର ମାଳାରେ
ଖାସ୍
ମୋ ରୂପ, ରଙ୍ଗ
ଆଉ ବାସ ପାଇଁ ନା ମା' ?
ଆଉ
ମୁଁ ଜୀଅନ୍ତା ବୋଲି ନା ମା' ? ?

କିଏ କଲା,
କିଏ କଲା ମା
ଆମକୁ ଏତେ ଅଭିଶପ୍ତ
ଏତେ ବଡ଼ ଫୁଙ୍ଗୁଳା
ଆକାଶତଳେ ଥାଇ ବି
ଆମେ ପଞ୍ଜୁରୀ ଭିତରେ ଆବଦ୍ଧ !

ହେ ସ୍ରଷ୍ଟା
ଦେବୁ ଯଦି ମୋତେ
ଏମିତି ରୂପ, ରଙ୍ଗ ଆଉ ବାସ ଦେ
ଯେମିତି ସାରା ଜୀବନ
ମୁଁ ମୋ ମା'ର
ମଥାରମଣି ହୋଇ ସାଜୁଥିବି
ଆଉ
ମୁଁ ଝାଉଁଳି ଝଡ଼ି ଗଲାପରେ ବି
ପୁଣି ସତେଜ ହୋଇ ଉଠୁଥିବି
ମାଟି ମା'ର ଜଠ ଉପରୁ
ଗୋଟାଏ ଗୋଟାଏ ନୂଆ ରୂପ
ନୂଆ ରଙ୍ଗ ଆଉ ନୂଆ ବାସରେ
ବିମୋହିତ କରୁଥିବି
ଜୀଅନ୍ତା ନରଦେବତାମାନଙ୍କୁ
ଆଉ ବିସ୍ତାରି ଯାଉଥିବି
ତାଙ୍କ ହାତଗଢ଼ା
ଜଡ଼ଦେବତା ମାନଙ୍କ
ଅଙ୍ଗପ୍ରତ୍ୟଙ୍ଗରେ !

■

ନିସଙ୍ଗ ଜୀବନ ମୁଁ, ତୁମେ ଆଉ ଘୋଟକ ଘାଟ

ବୋଧେ ନିସଙ୍ଗ ଜୀବନ ଜୀଇଁବା
ମୃତ୍ୟୁଠାରୁ
ଅଧିକ ଭୟଙ୍କର ହୋଇପାରେ
ଏପଟେ ରହିଯିବି ଯଦି
ଏକା ମୁଁ ନିଶ୍ଚେ ହୋଇଯାଇପାରେ !

ଗୋଷ୍ଠିଗତ ଜୀବନ ଜୀଇଁବା ଆଶାରେ
ଆଉ ମେଞ୍ଚାଏ ସ୍ୱପ୍ନର
ସୁନେଲି ରଙ୍ଗ ଭିତରେ
ମୃତ୍ୟୁକୁ ମୁଁ ନିଶ୍ଚେ ଆଲିଙ୍ଗନ କରିପାରେ
ମୋ ଗୋଷ୍ଠିର ମେଳରେ
ସେମାନଙ୍କ ଅଦୃଶ୍ୟ ଇନ୍ଧନର ବଳୟ ଭିତରେ
ମୁଁ ବୋଧେ
ନିଶ୍ଚେ ବଞ୍ଚି ବି ଯାଇପାରେ
ନିସଙ୍ଗ ଜୀବନର ଭୟାଭୟତାକୁ
ଏଡ଼ାଇ ଦେଇପାରେ !!

ମୃତ୍ୟୁକୁ ଜୟକରି
ମୃତ୍ୟୁଞ୍ଜୟ ହୋଇପାରେ ମୁଁ
ମରଣ ଖୁଆଡ଼ ଭିତରକୁ
ଅକ୍ଲେଶରେ ଡିଆଁ ବି
ମାରିପାରେ ମୁଁ !

ଘାଟ ଗୋଟାଏ
ରକ୍ତମୁଖା ଭୋକିଲା
ଶଙ୍ଖମୁଖ ଆଁଗୁଡ଼ାକ ଅନେକ
ବାନ୍ଧିହୋଇ ରହିଥାନ୍ତି
ଗୋଟାଏ ଗୋଟାଏ ବିରାଟ ଗୋଷ୍ଠିରେ
କେଉଁଠି କେଉଁଠି
ଭଣ୍ଡ ଚକ୍ଷୁମୁଦ୍ରିତ ସାଧକପରି ଜାଗ୍ରତ ତ
ଆଉ କେଉଁଠି କେଉଁଠି
ଅଦୃଶ୍ୟ ସ୍ଥିତିରେ
ଜୀବନ ଝାମ୍ପିନେବା ମୁଦ୍ରାରେ ସେମାନେ ପ୍ରସ୍ତୁତ ।

ଏସବୁ ଜଣାକଥା
କାହିଁ କେତେ ଅନ୍ଧାରିଆ ଯୁଗରୁ
ବୋଧେ, ସୃଷ୍ଟିର ପ୍ରାରମ୍ଭରୁ
ତଥାପି ଶେଷ ଅଶ୍ୱଟା
ଖୁଆଡ଼ ଭିତରକୁ ଲମ୍ଫ ମାରେ
ସେଇ ଗୋଷ୍ଠିଗତ ଜୀବନ ଜୀଇଁବା ଆଶାରେ
ବୋଧେ
ନିସଙ୍ଗ ଜୀବନର ଭୟାଭୟତାକୁ
ଏଡ଼ାଇଦେବା ଲକ୍ଷରେ !

ଜୀଇଁବା-ମରିବାର ବେଳ
ତଟିନୀ ଦ୍ୱିଖଣ୍ଡିତ
ସ୍ରୋତଟା ରକ୍ତାକ୍ତ
ଗାଁ ଗାଁ ଆର୍ତ୍ତନାଦ-ମରଣ ବେଳାର
କ୍ଷଣ କେଇଟାରେ
ଜୀବନ ପବନଟା
ପାଣି ଭିତରୁ ଖାଲି
ଭୁଟୁ ଭୁଟୁ କରି ଫୁଟି ଆସୁଥାଏ

ପୁଣି,
ପଟ୍‌ପାଟ୍ କରି ଫାଟି ଯାଉଥାଏ
ସେଇ ରକ୍ତାକ୍ତ ଖୁଆଡ଼ ଭିତରେ !

ଜୀବନ ଯୁଦ୍ଧର ଏ ଉଚ୍ଛୁଳା ସ୍ରୋତଟା
ଧିମେଇ ଗଲାପରେ
ପୁନର୍ବାର କ୍ଷୁଧାର୍ତ୍ତ ମଗର ଗୁଡାକ
ଥାକି ଯାଉଥାନ୍ତି
ପରବର୍ତ୍ତୀ ଅଶ୍ୱର
ପଛପଟ ଫଡ଼ିଆଟାକୁ
ଝାମ୍ପିନେବା ଆଶାରେ
ପୁଣି ଚାରିଚିତି ମାରି
ଜୀଅନ୍ତା ଜାନୁ ଗୁଡ଼ାକୁ
ଛିଣ୍ଡାଇଦେବା ଲକ୍ଷରେ
ଆଉ ଗିଳି ଦେବା ପାଇଁ
ମାତ୍ର ଗୋଟାଏ କି ଦୁଇଟା ଢୋକରେ !!

ଜୀବନ ଯୁଦ୍ଧର ଏ କରାଳ ଦୃଶ୍ୟମାଳାକୁ
ଆବଦ୍ଧ କରୁ କରୁ ମୋ କ୍ୟାମେରା ଭିତରେ
ମନେ ମନେ
ପୃଥିବୀ ଗୋଟାକୁ ଗୁଳବିଦ୍ଧ କରିସାରିଥାଏ ମୁଁ
ମୋ ଉତ୍ତପ୍ତ ରକ୍ତର ପ୍ରଚଣ୍ଡ ଝୋଞ୍ଜାରେ
ସବୁ ଶତ୍ରୁଗୁଡ଼ାକ ମରିପଡ଼ିଥାନ୍ତି ଏଣେତେଣେ
ନିର୍ଜନ ହୋଇସାରିଥାଏ
ଧରିତ୍ରୀ ଗୋଟାକଯାକ
ମୋ ଚକ୍ଷୁର ଠିକ୍ ସାମ୍‌ନାରେ !

ମୁଁ ବୀର୍ଯ୍ୟବାନ୍, ମୁଁ ଧନୁର୍ଦ୍ଧର, ମୁଁ ସର୍ବଶକ୍ତିମାନ
ମୁଁ ରାଜା, ମୁଁ ରାଜା, ମୁଁ ରାଜା

ହେବାର ମହାଆନନ୍ଦର ବେଳା
ହଠାତ୍ ନିସଙ୍ଗ ଜୀବନର ଭୟାଭୟତା
ଅକ୍ଟୋପୋସ୍ ପରି
ମୋତେ ଗ୍ରାସିବାକୁ ଲାଗେ
ଦେହ ମୋର କମ୍ପିଉଠେ
ଶିତେଇଯାଏ, ପୁଣି ଝାଳେଇଯାଏ
ପୁନର୍ବାର କମ୍ପିଉଠେ ସେ
ମୁଁ ଭୀତତ୍ରସ୍ତ
ମୁଁ କାକୁସ୍ଥ, ମୁଁ କାକୁସ୍ଥ, ମୁଁ କାକୁସ୍ଥ
ଖାଲି ଗମ୍‌ଗମ୍ ଅଙ୍ଗଜଳ
ସମଗ୍ର ଶରୀରଟା ମୋର ସିକ୍ତ ।

ଶେଷ ଶତ୍ରୁଟାର
ଦିକିଦିକି ଜୀବନ ଭିତରୁ
ମୁଁ ମୋ ନିଜ ଜୀବନର
ସତ୍ତା ପାଇଲା ବେଳକୁ
ଗୋଷ୍ଠି ଭିତରେ
ଜୀଇଁରହିବାର ଦର୍ଶନକୁ
ବୁଝିଲା ବେଳକୁ
ପ୍ରାଣବାୟୁ ତାର ଉଡ଼ିସାରିଥାଏ
ଶବମୁହଁଟାରେ
ମୁଁ ଖାଲି ବୁନ୍ଦାକୁ ବୁନ୍ଦା
ପାଣି ଛିଞ୍ଚି ଛିଞ୍ଚି ଜୀଆଇଁଲା ବେଳକୁ
ମୋ ଜୀଅନ୍ତା ବପୁଟା
ଢ଼ଳିଯାଏ ଗୋଟାଏ କ୍ଷୁଧାର୍ତ୍ତ ମଗରର
ପ୍ରଶସ୍ତ ଆଁ ଭିତରକୁ ।

ତଥାପି,
ତଥାପି ମଗର ଉଦରସ୍ଥ

ମୋ ମଲା ବପୁଟାକୁ
ମୋ ପୋପରା ମସ୍ତକର
ଘାତୁକ ଚିନ୍ତନକୁ
ମୋ ପରାହତ ଆତ୍ମାକୁ
ମହାଭାରତର ସେ ରକ୍ତିମ ଯୁଦ୍ଧଭୂମିଟା,
ଆଉ ଚଣ୍ଡାଶୋକର
ସେ ଉଦ୍ଧତ ପଣିଆଟା,
ଜୀବନଧ୍ୱଂସ ହେବାର ସେ କରାଳ ଛାୟାଟା
ଖାଲି ଗୋଡ଼େଇବାକୁ ଲାଗିଥାଏ
ବୋଧେ
ନିସଙ୍ଗ ଜୀବନ ଜୀଇଁବା
ମୃତ୍ୟୁଠାରୁ ଅଧିକ ଭୟଙ୍କର ହୋଇଥାଏ !

■

ଖୁସି ଖୋଜା

ଅଣନିଶ୍ୱାସୀ ଦୌଡ଼
'ମନମାନେ' ସବୁ ଘୋଡ଼ାପିଠିରେ ସବାର
ଜହ୍ନପାଖେ ପହଞ୍ଚିବାକୁ ପଡ଼ିବ
ଖୁସିକୁ ହସ୍ତଗତ କରିବାକୁ ହିଁ ହେବ ।

ତାରି ଭିତରୁ
କେହିଜଣେ ମୋତେ ତାଚ୍ଛଲ୍ୟ କରୁଛି
ତୁମେ ମୋର କିଏ କି ?
ମୁଁ ପୁଣି ମୋ ସାମର୍ଥ୍ୟରୁ
ତୁମକୁ କାହିଁକି ବା
କିଛି ଦାନ କରିବି ?

ଆଉ ଜଣେ କିନ୍ତୁ ସମ୍ପୂର୍ଣ୍ଣ ବିଶ୍ୱାସ ରଖିଛି
ମୁଁ ହିଁ ତା ପାଇଁ ସବୁକିଛି
ସେ ପଡ଼ିଗଲେ
ମୁଁ ତାକୁ ଉଠାଇ ନେବି
ଜହ୍ନପାଖେ ପହଁଚାଇବାରେ ସହାୟକ ହେବି
ଆମେ ଦୁହେଁ ଖୁସିକୁ
ଏକାଠି ସାଉଁଟି ବସିବୁ
ଆନନ୍ଦରେ ଆତ୍ମହରା ହେବୁ
ଚଢ଼େଇଆ ଚଢ଼େଇଆଣି ସାଜିବୁ
ହସିବୁ, ନାଚିବୁ, ଗାଇବୁ
ଘୋଡ଼ାନାଚ କରିବୁ
ଧୁଡୁକୀ ବଜେଇବୁ
ଖଞ୍ଜଣୀ ବଜେଇବୁ

ନଡ଼ିଆ ଲଢ଼େଇ କରିବୁ
ଗଞ୍ଜା ଲଢ଼େଇ କରିବୁ
ମେଣ୍ଢା ଲଢ଼େଇ କରିବୁ
ତାସ ଫେଣ୍ଟିବୁ
ଦୁଲାଦେଇ ପାଖେ କୁକୁଡ଼ା କାଟିବୁ ।

ଜୀବନ ଆଉ ପାଣି ଫୋଟକା
କି'ବା ପାର୍ଥକ୍ୟ ସେମାନଙ୍କ ମଧ୍ୟରେ
ଅଣଚାଶ ପବନତ
କ୍ଷଣକ୍ଷଣକେ ଘନେଇ ଆସୁଥାଏ
ସହବାସର ଅନ୍ତିମ ମୁହୂର୍ତ୍ତରେ ପରା
ପଣ୍ଡୁଙ୍କର ହୃଦ୍‌ଘାତ ହୁଏ !

ତୁମେ କେତେଦିନ ବଞ୍ଚିରହିବ
ତା ମୁଁ ଜାଣିନି
ମୃତ୍ୟୁକୁ ମୋ ଜୀବନଠୁ
ଛଡ଼ାଇ ବି ଶିଖିନି
ମୁଁ ତ ନିମିତ୍ତମାତ୍ର
ସାଧାରଣ ପିଣ୍ଡଟିଏ
ମୁଁ ଯଦି ହୋଇପାରେ
ତାଙ୍କ ପାଇଁ ସର୍ବସ୍ୱ
ତୁମ ପାଇଁ କିପରି ହୋଇପାରିବି
ସମ୍ପୂର୍ଣ୍ଣ ରୂପେ ଶୂନ୍ୟହସ୍ତ !
ନିରେଖି ଦେଖ
ଖୁବ୍ ନିରେଖି ଦେଖ
ମୋର କ୍ଷେତ ଉତ୍ତାରିବା ସାମର୍ଥ୍ୟ କ'ଣ
କେବଳ ମୋରି ପାଇଁ ଉଦ୍ଦିଷ୍ଟ ?

କେବଳ ସବୁ ତିକ୍ତ ପ୍ରଶ୍ନ ଗୁଡ଼ାକୁ
ନିଜ ପାଇଁ ଠିଆ କରାଇପାରିଲେ ହେଲା
ତୁମେ ନିଶ୍ଚେ ହୋଇପାରିବ ସମସ୍ତଙ୍କର
ଆଉ ସମସ୍ତେ ହୋଇପାରିବେ ତୁମର
ଖୁସିର କୋଠିଘରେ
ତୁମେ ବୋଧେ ପୋତି ହୋଇପଡ଼ିବ
ଭୁଲିଯାଅ –
ଥାଇପାରେ ତୁମ ପାଖେ
ଆକାଶରେ ଉଡୁଥିବା
ବିରାଟ ଗୋଟାଏ ବ୍ୟୋମଯାନ
ଆଉ ମୁଁ ବିଚରା ଚଳାଉଥାଇପାରେ
ଭୂଇଁ ଉପରେ ସାମାନ୍ୟ ଗୋଟାଏ
ହଳ ଆଉ ଲଙ୍ଗଳ ।

ମୁଁ ଜାଣିନି
ତୁମେ ବ୍ୟୋମଯାନରେ
କେତେଦୂର ଉଡ଼ିଉଡ଼ି ଯାଅ
ଆଉ କେଉଁ କେଉଁ ତାରକା ହୋଟେଲରେ
କ'ଣ କ'ଣ ସବୁ ଖାଅ
ଅଶାନ୍ତ ମନକୁ
ଖୁସି ମୁହାଁଇବା ପାଇଁ
ପୁଣି ଆଉଥରେ ଉଡ଼ାଣ ଭର ।

ମୁଁ କିନ୍ତୁ ଖୁସିହୁଏ
ଆକାଶରେ ବିଜୁଳି ମାରିଲେ
ଅସରାଏ ବର୍ଷା ଅଜାଡ଼ି ହୋଇଗଲେ
ବିଲମାଟି ଓଦା ହୋଇଗଲେ
ଓଦା ବିଲର ମହକ ନାକରେ ବାଜିଲେ
ଧାନ ଗଜା ମାରିଲେ

ଖଳାରେ ବେଙ୍ଗଳା ପଡ଼ିଲେ
ଆଉ ପଖାଳ କଂସା କଡ଼ରେ
ବିଲୁହୁଡ଼ାର ଶୁନୁଶୁନିଆ ଶାଗ ଖରଡ଼ା
ପରଷା ହୋଇଗଲେ ।

ଖୁସି ମୋ ପାଖକୁ ଆପେ ଆପେ ଆସେ
ଆପେ ଆପେ ଯାଏ ବି ସେ
ପୁଣି ଆସେ, ପୁଣି ଯାଏ
ଠିକ୍ ଦିନ ଆଉ ରାତିପରି
ସେ ମୋ ପିଠିପଟୁ ଆଗପଟକୁ ଆସେ
ପୁଣି ଆଗପଟୁ ପିଠିପଟକୁ ଚାଲିଯାଏ
ଘୋଡ଼ା ଦୌଡ଼ କ'ଣ
ମନ ମୋର କେବେହେଲେ ଜାଣିନଥାଏ
ତାରି ଭିତରେ ମୁଁ
ନାଚେ, ଗାଏ, ହସେ ହରିଆ ଭାଇ ସାଙ୍ଗେ
ଦିନୁଆ, ରଘୁଆ, କାଳିଆ ସାଙ୍ଗେ
ଗହିର ଭିତରେ ଧାନକଟା ବେଳେ
ହାଟବାରିରେ ଖଡ଼ା, ପାମ୍ପେଡ଼ା
କିଣିଲା ବେଳେ
ଗାଁ ପଡ଼ିଆରେ ମେଲଣ ଦେଖିବା ବେଳେ
ଭାଗବତ ଶୁଣିବା ବେଳେ
ମୁଣ୍ଡପୋତା କେଳାର
ମାଙ୍କଡ଼ନାଚ ଦେଖିବା ବେଳେ
ଗାଁ କାଳସୀଠୁ ବେତମାଡ଼ ଖାଇଲା ବେଳେ
ଆଉ
ଅଷ୍ଟପ୍ରହରୀର ଶେଷଦିନରେ
ଗାଁ ଦାଣ୍ଡରେ ମୋ ଦେହକୁ ଗଡ଼େଇଲା ବେଳେ ।

ବେଳେବେଳେ ହରିଆ ଭାଇ
ମୋ ମୁଣ୍ଡ ଉପରକୁ ହଳା ଟେକିଦିଏ
ମୁଁ ତା ଚାଳ ଉପରକୁ ଛଣ ବି ଫିଙ୍ଗିଦିଏ
ଗାଁ କନିଆଁ ପାଇଁ ସଭିଏଁ ମିଶିକି ସବାରୀ କାନ୍ଧାଉ
କାହା କାହାର ମୁଣ୍ଡ ଗଡ଼ିଗଲେ
ଯୁଇବି ସଜାଡ଼ି ଦେଉ
ଆଉ ମୁଁ ମୋ ପାଖେ
ଗାମୁଛା, ପଥର ଅବା ଶଢ଼େଇ ଖଣ୍ଡ ମାନ ଥୋଇ ଦେଇ
ସେମାନଙ୍କ ପାଇଁ ଜାଗା ସଂରକ୍ଷଣ କରିଥାଏ
ଗାଁ ପଡ଼ିଆରେ ଯାତ୍ରା ହେବାର ଥିଲେ
ସତରେ
ସେମାନେ ସମସ୍ତେ ସାଙ୍ଗରେ ଥିଲେ
ଜୀବନର ସୁଆଦ
ମୋତେ ଖୁବ ନିଆରା ଲାଗେ
ତୁମେ କିନ୍ତୁ ଅହର୍ନିଶ
ଖୁସିକୁ ଖୋଜିବୁଲୁଥାଅ
ଘୋଡ଼ା ଚାବୁକ୍ ଖାଇଚାଲୁଥାଏ
ତୁମକୁ ଆଉ କେତେକାଳ ଲାଗିବ
ସତରେ କ'ଣ ଖୁସି କେବେହେଲେ
ତୁମ ହାତ ମୁଠାକୁ ଆସିବ !

■

ମୋ ପିଲାଦିନଠୁ କମାଣ ଶବ୍ଦ ଶୁଣିଲା ପର୍ଯ୍ୟନ୍ତ

ଶିଖିନାହିଁ ମୁଁ
କବିତା ଲେଖିବାର ବର୍ଣ୍ଣବୋଧକୁ
କି ଯତି, ଛନ୍ଦ, ଅଳଙ୍କାର
କିମ୍ବା ପୂର୍ଣ୍ଣଚ୍ଛେଦ ପକାଇବାର ଜାଗାକୁ
ଜାଣୁଛି ମୁଁ, ଏଇ କେତେଦିନ ପୂର୍ବରୁ
କବିତା ପାଇଁ କଲମ ଧରିବା ଦିନଠୁ ।

କେବେକେବେ ମନ ମୋର କମ୍ପିଉଠେ ତ
ଆଉ କେବେକେବେ ଉଦାସ ହୋଇଯାଏ
କାହିଁକିନା
କ'ଣ କ'ଣ ସବୁ ଲେଖିଯିବାର ନିଶାଟା
ମୋତେ ଏବେ କ୍ଷିପ୍ର ଗତିରେ
ମାଡ଼ି ବସିଲାଣି
ଏଇ ଦେଖ –
ଆକାଶରୁ, ପାତାଳରୁ, ଆମ ଚତୁର୍ଦ୍ଦିଗରୁ
କେମିତି ବାରୁଦ ଗନ୍ଧମାନ ମାଡ଼ି ଆସିଲାଣି !

ସବୁ ସହରଗୁଡ଼ାକ ଆମର ଏବେ-
ଘାତକର
ଲକ୍ଷଭେଦି ଦୂରତା ଭିତରେ
ତୁର୍କି-ସିରିଆ ମଧ୍ୟରେ
ଯୁଦ୍ଧ ଲାଗିସାରିଲାଣି
ଆଉ କେଉଁ କେଉଁ ଭୂଖଣ୍ଡରେ

ସୈନ୍ୟମାନେ ଛକିରହି ସାରିଲେଣି
କେବଳ ଶଙ୍ଖଧ୍ୱନିର ଅପେକ୍ଷା
ସେମାନଙ୍କ ଆଙ୍ଗୁଠି ବି ଏବେ
ଟ୍ରିଗର୍ ଉପରେ ରହି ସାରିଲାଣି ।

ଜାଣିଥାଅ-
ତୁମ-ଆମ ପାଖେ
ଯେତିକି ପରମାଣୁ ବୋମାର ସମ୍ଭାର
ଫୁଟିବ ଯଦି
ପରକୁ ପର ସାତସାତଟା ପୃଥିବୀ
ଧ୍ୱଂସ ହୋଇଯିବାର ଚେତାବନୀ
ବୈଜ୍ଞାନିକମାନେ କେବେଠୁ ଦେଇସାରିଲେଣି ।

ଏପରି ଏକ କାକୁସ୍ଥିଆ ସ୍ଥିତିର
କେଉଁ ଅନ୍ଧାରୀ ମୁହୂର୍ତ୍ତରେ
ଗାଁ ଆଡ଼େ ଟାଣି ହୋଇଯାଇଥିଲି
ତା ମୁଁ ଜାଣିନି
ଏବେ କିନ୍ତୁ
ଗାଁ ନଦୀବନ୍ଧ, ଗାଧୁଆ ତୁଠ, ବରଗଛ ଓହଳ
ଆମ୍ବତୋଟା, ତାଳବଣ ଅବା ମେଳଣପଡ଼ିଆ
ସବୁ ଫୁର୍‌କୁଟିଆ
ଗାଁ ମମତାମୟୀ ମା'ମାନେ
ଆଉ କେହିହେଲେ ଜଣେ ବି ନାହାଁନ୍ତି
ନା ମଲ୍ଲିମା ଅଛି ନା ନୂଆ ମା
ନା ଶୁକମା' ଅଛି ନା ସାଧବ ମା'
ସାନ ମା' ତ କେବେଠୁ ସେପାରି ହେଲାଣି
ଆଉ କିଏ ବା ପଚାରିବ -
"ଆରେ ନାତିଆ
କେତେବେଳେ ଆଇଲୁକିରେ ବାପା

ଆଇଲୁ ଆଇଲୁ ଧନ -
ଧାପୁଡ଼ି ଆଇଲୁ
ନେ, ନେ ଏ ମୁଢ଼ି ମୁଆଁଟା ନେ
ନଇଲେ ତାଳ ପୋଡ଼ପିଠାଟା ଖଣ୍ଡେ ଖାଇକି ଯା
ନତୁବା ଭୂଇଁଚଣା ଦିଟା ପକେଟରେ ଭରିଦେ ଅବା
ଏ ହୁଡୁମ ମୁଠାଆଁଟା ହାତରେ ଧରିକି ଯା
ଆରେ ଗରିବ ମା'ଟା ତ,
ନଇଲେ
"ସଜପଖାଳ ଅଛି
ବାଢ଼ିଦେବି କିରେ ପୁଅ ?
ଆରେ ବସାଦହି ପକେଇଦେବି
ବଡ଼ି ବି ଚୂରିଦେବି
କଖାରୁ ଡଙ୍କର ରାଇ ସାଗଙ୍କୁ
ଚୂନାପକା ଶାଗ ବି ପରଷି ଦେବି" ।

ଆଉ କେଉଁ ଗୋଟାଏ ହେଲେ
ଦାଣ୍ଡଦୁଆରୁ ଶୁଭିଲାନି
ଆରେ ପୁଅ -
ବାପା-ବୋଉ ଆସିନାହାଁନ୍ତି କିରେ ?
ଆଉ
ଟୁଲା, ଉମା, ଲିଲା କ'ଣ କରୁଥିଲେ
ଭଲରେ ଭଲରେ ଫେରିବୁ ବାପା
ମୁଁ ପଚାରୁଥିଲି ବୋଲି
ବୋଉକୁ
ବହୁତ ବହୁତ ନିଶ୍ଚୟ କହିବୁ ।

ବୋଧେ ଯୁଗର ପରିବର୍ତ୍ତନ
ଉଦାସୀ ମନଟା
ଆଉଟିକେ ଉଦାସିଆ ହେବାକୁ ଲାଗିଲା

ହଠାତ୍
ରେଡ଼ିଓ ଭିତରୁ
କମାଣ ଗର୍ଜିବାର ପ୍ରକମ୍ପ ସୃଷ୍ଟି ହେଲା
ଜଣାପଡ଼ିଲା -
ସେତେବେଳକୁ
ଭାରତ-ପାକିସ୍ଥାନ ମଧ୍ୟରେ
ଯୁଦ୍ଧ ଲାଗିସାରିଥିଲା
ପୁଣି କ'ଣ ଆଉ ଫେରିବି
ସହର ଆଡ଼କୁ ?
ଭାବୁ ଭାବୁ -
ବପୁଟାମୋର ଟଳିପଡ଼ିଲା
ଧରିତ୍ରୀ ଉପରକୁ ।

ଶିଖି ନାହିଁ ମୁଁ
କବିତା ଲେଖିବାର ବର୍ଣ୍ଣବୋଧକୁ
କି ଯତି, ଛନ୍ଦ, ଅଳଙ୍କାର
କିମ୍ବା ପୂର୍ଣ୍ଣଚ୍ଛେଦ ପକାଇବାର ଯାଗାକୁ
ଜାଳୁଛି ମୁଁ
ଏଇ କେତେଦିନ ପୂର୍ବରୁ
କବିତା ପାଇଁ କଲମ ଧରିବାଦିନଠୁ ।

ଭୂଖା

ଆରେ ଖରା ଦିନଟାରେ
ତୋ ଶୀତ ଛାଡୁନାହିଁ
ଶୋଇଛୁ ତୁହିରେ
ଏ.ସି. ମହଲରେ
କୁଇଲ୍‌ଟି ଘୋଡ଼େଇ ହୋଇ
ଆଜି ଜନତା ଜାଗୁଛି
ଘଣ୍ଟି ବାଜୁଅଛି
ଧାଇଁକି ପଳାରେ
ମୃତ୍ୟୁ ତୋହର
ଗୋଡ଼ାଇ ଆସୁଛି
ସିଂହ ଗର୍ଜନ ଦେଇ ।

ଆରେ ପାଞ୍ଚ ବରଷରେ
ଗୋଟାଏ ରାସ୍ତାକୁ ଦଶ ଥର ତୁହି
ଖୋଳାଖୋଳି କରୁ
ଖାଲି ତୋ ପକେଟ ଭରିବା ପାଇଁ
ଅମର ଗଛକୁ
କାଟିକୁଟି ଦେଇ
ମରଗଛଗୁଡ଼ା
ବିଛେଇ ଦେଉଛୁ
ଧନଖାଲି ତୁହି
ସାଉଁଟି ବସୁଛୁ
ତୋ ସାତଜନମକୁ
ବସି ଖୁଆଇବା ପାଇଁ
ଆରେ ତୋ

ପକେଟ ଉଚ୍ଛୁଳି ପଡୁଛି
ଭୂଇଁଜଳ ଆଜି
ପାତାଳୀ ହେଇଛି
କେବଳ ତୋହର
ଭୁଲ୍ ଯୋଜନା ପାଇଁ
ଆରେ ଖରାଦିନଟାରେ...।

ଜନତାର ଦାନା
ଛଡ଼ାଇ ନେଇକି
କଳାଧନ ସବୁ
ଧଳା କରିବାକୁ
ଚେଷ୍ଟା କରୁଅଛୁ
ଟିକସ ନଭରି ତୁହି
ଦେଖିଲୁ, ଦେଖିଲୁ
ଭୋକ ବିକଳରେ
ଭୂଭୂକ୍ଷୁମାନଙ୍କ
ପାଟି ଅଠା ମାରିଯାଏ
ଶୋଇଯାଉଛନ୍ତି
ଖାଲି ପେଟଟାରେ
ମୁକ୍ତ ଆକାଶକୁ ଚାହିଁ
ଭୁଲିଯାଉଅଛୁ ଶଇତାନ୍ ତୁରେ
ତାଙ୍କ ଭୋଟ ନେଇକି
ଗାଦିରେ ବସିଛୁ ତୁହି
ଆରେ ଖରାଦିନଟାରେ...।

ଆରେ କଙ୍କାଳମାଳା
ଆଜି ଏକାଠି ହୋଇଛ
ଶ୍ମଶାନ୍ ଭିତରୁ ରୋଦନ କରୁଛି
କହୁଅଛି ସିଏ

ମୋ ପଖାଳ କଂସାରେ
ହାତଭରି ଦେଇ
ଦାନାଯାକ ସବୁ
ଗିଳିଦେଲୁ ତୁହି
ଢୋକିବାକୁ ମୁହିଁ
ତୋରାଣି ଟିକିଏ ରହିଲା ନାହିଁ
ଶୁଆଇ ଦେଲୁରେ
କଳବଲ କରି
ଆଉ ଶ୍ରାଦ୍ଧ ଦିଅ ନାହିଁ
ଆମକୁ ତୁମେରେ
ଭଣ୍ଡ ତପସ୍ୱୀ ହୋଇ
ଆରେ ଖରାଦିନଟାରେ... ।

ତୋ ଶୀତଛାଡୁ ନାହିଁ
ଶୋଇଛୁ ତୁହିରେ
ଏ.ସି. ମହଲରେ
କୁଇଲ୍‌ଟି ଘୋଡ଼େଇ ହୋଇ
ଆଜି ଜନତା ଜାଗୁଛି
ଘଣ୍ଟି ବାଜୁଅଛି
ଧାଇଁକି ପଳାରେ
ମୃତ୍ୟୁ ତୋହର
ଗୋଡ଼ାଇ ଆସୁଛି
ସିଂଘ ଗର୍ଜନ ଦେଇ ।

■

ଆଁ

ଗାଁ ଲୋକଙ୍କର ନିଦ ହଜିଛି
ଜେସିପି ଗୁଡ଼ାଏ ଦିନରାତି ଲାଗି
ଗ୍ରାମ୍ୟ ଜୋରଟାକୁ ପୋତି ଦଉଛି
ଶୁଣାଯାଉଛି-
ବଡ଼ କୋଠାଟାଏ ଠିଆ ହେବ ବୋଲି
ଉପର ମହଲୁ ସାଙ୍କସନ ଆସିଛି
ଟେଣ୍ଟେଇ, ତିତିରି, ଟିଆ, ଡାହୁକ
ବସା ହାରିଛି
ସାପୁଆ କେଳାର ଗୋବିନ୍ଦି ମୂଷାଟା
ଆରପାର ହୋଇଛି
ତା' ସାପପେଡ଼ି ସବୁ ଖାଲି ପଡ଼ିଛି
ସହରଟା ଆଜି ଆଁଟାଏ କରି
ଗାଁ ଟାକୁ ମୋର
ଗିଳି ଦେଉଛିରେ ଗଳି ଦେଉଛି
ସହରଟା ଆଜି ଆଁ ଟାଏ କରି
ଗାଁ ଟାକୁ ମୋର ଗିଳି ଦେଉଛି ।

ତଲ୍ଲ ଭିତରୁ ପଙ୍କ ଗୁଡ଼ାକ ଉଦ୍ଧାର ହେଉଛି
ବନ୍ଧ ଗୁଡ଼ାକ କଂକ୍ରିଟିମାଳା ବାହା ଟେକୁଛି
ପଙ୍କ ଭିତରୁ ପଦ୍ମ ଆଜି ତା ବୀର୍ଯ୍ୟ ହାରିଛି
ପାଣିକୁଆ ଆଜି ବୁଡ଼ ମାରି ମାରି ଥକି ଯାଉଛି
ମା-ବଗଟା ଖାଲି ଦାନା-ମୁଣିଟାରେ
ଛୁଆ ପାଖୁ ତାର କାନ୍ଦି କାନ୍ଦି ଫେରୁଛି
ସହରଟା ଆଜି ଆଁଟାଏ କରି
ଗାଁଟାକୁ ମୋର

ଗିଳି ଦେଉଛି ରେ ଗଳି ଦେଉଛି
ସହରଟା ଆଜି ଆଁଟାଏ କରି
ଗାଁ ଟାକୁ ମୋର ଗିଳି ଦେଉଛି ।

ଆମ ଗାଁ ଦାଣ୍ଡ ଆଜି
କଂକ୍ରିଟ୍ ଘୋଳରେ ଚଉରସ ହୋଇଛି
ଜେଜେ ଅମଳର ଗୁଳା ରାସ୍ତା ସବୁ
ସମାଧି ଭିତରେ ଶୋଇ ଯାଇଛି
ପାଦ ମୋର ଆଜି ଶିଶିର ବିନ୍ଦୁର
ସ୍ପର୍ଶ ଖୋଜୁଛି
କାଗଜ ଡଙ୍ଗା ମୋ ଶବ ହୋଇଛି
ସହରଟା ଆଜି ଆଁଟାଏ କରି
ଗାଁ ଟାକୁ ମୋର
ଗିଳି ଦେଉଛିରେ ଗଳି ଦେଉଛି
ସହରଟା ଆଜି ଆଁଟାଏ କରି
ଗାଁଟାକୁ ମୋର ଗିଳି ଦେଉଛି ।

ଗାଁ ମାଟି ଆଜି କୋଇଲିର କୁହୁ ଖୋଜୁଛି
ଆଟୁଘର ସବୁ ଲୋପ ପାଇଛି
ଚାଳଗୁଡ଼ା ସବୁ ଛାତ ହୋଇଛି
ଚଟିଆ ଆଜି ତା' ବସା ହାରିଛି
ବୋଉ ମୋର ଆଜି କାଉ ଡାକ ପାଇଁ
ଖୁଉଦ-ଚାଉଳ ବିଞ୍ଚି ରହୁଛି
ନିଜେ ଖାଲି ସିଏ କା, କା କରୁଛି
କାଉ ଗୁଡ଼ା କିନ୍ତୁ ସବୁ ହଜି ଚାଲିଛି
ବୋଉ ତଣ୍ଟି ଖାଲି ପଡ଼ି ଯାଉଛି
ସହରଟା ଆଜି ଆଁଟାଏ କରି
ଗାଁଟାକୁ ମୋର
ଗିଳି ଦେଉଛିରେ ଗିଳି ଦେଉଛି

ସହରଟା ଆଜି ଆଁଟାଏ କରି
ଗାଁଟାକୁ ମୋର ଗିଳି ଦେଉଛି ।

ଗାଁ ବୋହୂ ଆଜି ଓଢ଼ଣୀ ଛାଡ଼ିକି
ଜିଇନି ସାଙ୍ଗକୁ ଟପ୍‌ସ ପିନ୍ଧୁଛି
ଶ୍ୱଶୁରକୁ ତା'ର ମୁଣ୍ଡିଆ ବଦଳେ
ହାଲୋ ହାଏ ହାଏ ବାଏ କରୁଛି
ନାତି ଟୋକା ଆଜି ଜେଜେ ବଦଳରେ
'ଗ୍ରାଣ୍ଡପା' ଡାକୁଛି
ମୂଲିଆ ଭାଇଟା ସାଆଁନ୍ତ ନଡାକି
ଗାଁ ମୁଖିଆର ନାଁ ପଛପଟେ 'ବାବୁ' ଯୋଡ଼ିଛି
ତା' ମୁରବୀ ପଣିଆ ଖତ ଖାଉଛିରେ
ଖତ ଖାଉଛି
ସହରଟା ଆଜି ଆଁଟାଏ କରି
ଗାଁଟାକୁ ମୋର
ଗିଳି ଦେଉଛିରେ ଗିଳି ଦେଉଛି
ସହରଟା ଆଜି ଆଁଟାଏ କରି
ଗାଁଟାକୁ ମୋର ଗିଳି ଦେଉଛି ।

'ବୋଉ' ମୋର ଆଜି
'ବୋଉ' ବଦଳରେ 'ମମି' ହୋଇଛି
ଧୀରେ ଧୀରେ ଆମ ଗାଁ ମାଟି ଆଜି
ତା' ସଂଜ୍ଞା ହାରୁଛି
ଆରେ ଜାଣିଛ ?
ମୁଁ ନିଜେ ପରା ଆଜି
କଂସ ସାଜିକି
ମୋ ମାଟି ମା'କୁ ବଧ କରୁଛି
ସହରଟା ଆଜି ଆଁଟାଏ କରି
ଗାଁଟାକୁ ମୋର ଗିଳି

ଦେଉଛି ରେ ଗିଳି ଦେଉଛି
ସହରଟା ଆଜି ଆଁଟାଏ କରି
ଗାଁଟାକୁ ମୋର
ଗିଳି ଦେଉଛିରେ ଗିଳି ଦେଉଛି
ସହରଟା ଆଜି ଆଁଟାଏ କରି
ଗାଁଟାକୁ ମୋର ଗିଳି ଦେଉଛି।

■

ଘର ଢିଙ୍କି

ହେ ଅଶ୍ରୁ ତୁମେ ଦେଖାତ ଦିଅନି
ଲୁଚି ଲୁଚି ଆଜି ଚୋରାଝର ହୋଇ
ସାଗରରେ ଲିଭି ଯାଅ
ଉଦ୍ଦାମ ହୋଇ ଦେଖାଦେବ ଯଦି
ରକ୍ତ ଗୁଡ଼ାକ ପ୍ରଶ୍ନ କରିବେ
କୁହ
ଉତ୍ତର କିଏସେ ଦେବ ?

ସକାଳୁ ସକାଳୁ କୂଳବଧୁ ଆଜ
କାନ ପାଖେ ଆସି
ମନ୍ତ୍ର ଦେଇକି କହିକି ଯାଇଛି
"ମୁଁ କହିଛି ବୋଲି କେହିଜାଣିବେନି
ଗାଁକୁ ତୁମର ବେଢ଼ି ବସ୍ତାନି
ବାନ୍ଧିକି ତୁମେ ଜଲ୍‌ଦି ପଳେଇ ଯାଅ"
ହେ ଅଶ୍ରୁ ତୁମେ ...।

ଭାରିତ କୁଶଳୀ, କେତେରଂଗ ତାର
କ'ଣ କହିବି ?
କେମିତି କହିବି ପୁଅକୁ ମୋହର
"ଗାଁକୁ ମୁଁ ଯିବି
ଏଣେ, କତରା ଛାଡୁନି
ଉଠି ମୁଁ ପାରୁନି
ଯମ ଆଜି ମୋତେ ସ୍ୱପ୍ନେ କହିଛି
ଦୁଃଖ କରନାହିଁ ଅଶୀ ହେଲେ ତୁହି
ଆଣିଯିବି ମୁହିଁ ଆଉ ମାସ ତ ଗୋଟାଏ

ଟିକିଏ ଧୈର୍ଯ୍ୟଧର
ହେ ଅଶ୍ରୁ ତୁମେ... ।

ଅଶୀତମ ଜନ୍ମଦିବସ ମୋହର
ପାଳିବା ପାଇଁ କି
ମନଟା ପୁଅର ଉଡ଼ୁରି ପଡ଼ୁଛି
ନିମନ୍ତ୍ରଣ ପତ୍ର ସାଇରେ ବାଣ୍ଟୁଛି
ବୋହୂ ଆମ ଆଜି ଭୋରରୁ ଭୋରରୁ
ଆଖିରେ ତାହାର କହିକି ଯାଇଛି-
"ଭୁଲିଗଲ କିବା କଥାକୁ ମୋହର
ଆରାମ କରୁଛ କେତେ
ଯମ ଯଦି ଆଜି ଡେରି କରୁଅଛି
ଉପରକୁ ଯାଇ ଡେଇଁ ପଡୁ ନାହିଁ
ସ୍ୱର୍ଗମିଳିବ ଜଲଦି ତୁମକୁ
କ'ଣ କଣକହୁଛ କୁହ"
ହେ ଅଶ୍ରୁ ତୁମେ...।

ମୋ ଛାତି ଥରିଗଲା, ମନେପଡ଼ିଲା
ଭାରି ଶକ୍ତିଶାଳୀ ମନ୍ତ୍ର ଗୋଟାକ
ବୋହୂର ମୋହର
ନେହୁରା ହୋଇକି ପୁଅ ଗୋଡ଼ଟାକୁ
ଯାବୁଡ଼ି ଧରିଲି
କହିଲି ପୁଅରେ -
"ମୋ ସମୟ ଗଲାଣି, ମାଟି ଡ଼ାକିଲାଣି
ଗାଁକୁ ଟିକିଏ ନେତୁ ମୋତେରେ"
ନାଇଁ ନାଇଁ ନାଇଁ
ତାହା ମୋଟେ ହେବ ନାହିଁ
କହୁକହୁ ସିଏ
ରଂଗ ବଦଳେଇ

ବୋହୂ ଶକେଇ କହିଲା –
"ବୋଉଙ୍କର କଷ୍ଟ ସହିପାରୁ ନାହିଁ
ମୋଟେ ମୁହିଁ ଆଉ
ଶେଷଇଚ୍ଛା ତାଙ୍କ ପୂରଣ ପାଇଁକି
ଗାଁକୁ ଟିକିଏ ନେଇଯାଇ ତୁମେ
ଥଇଥାନ ତାଙ୍କୁ କର"
ହେ ଅଶ୍ରୁ ତୁମେ... ।

ଗଦ ଗଦ ଆଜି ପୁଅଟା ମୋହର
ଲକ୍ଷ୍ମୀପରି ସ୍ତ୍ରୀ ପକେଟରେ ତାର
ଢେଙ୍ଗୁରା ଦେଇକି କହିବୁଲୁଅଛି
ପଡ଼ିଶା ଆଗରେ
ଶାଶୁ ସେବା ତୁମେ କେମିତି କରିବ
ଶିକ୍ଷା ପାଇକି ଦୀକ୍ଷା ତା'ଠୁ ଧର
ହେ ଅଶ୍ରୁ ତୁମେ ଦେଖା ତ ଦିଅନି,
ଲୁଚି ଲୁଚି ଆଜି ଚୋରାଝର ହୋଇ
ସାଗରରେ ମିଶି ଯାଅ
ଉଦ୍ଦାମ ହୋଇ ଦେଖାଦେବ ଯଦି
ରକ୍ତଗୁଡ଼ାକ ପ୍ରଶ୍ନ କରିବେ
କୁହ
ଉତ୍ତର କିଏ ସେ ଦେବ ?

■

ଲକ୍ଷ୍ୟ

ମନେରଖ
ମନେରଖ ଲକ୍ଷ୍ୟ ମୋର ଅତୁଟ
ନିଶ୍ଚେ ଧରିବି ମୁଁ ଜହ୍ନକୁ !
ହଁ, ହସନ ଦେଇପାର
ମନା ନାହିଁ,
କଣ୍ଟକିତ ବି କରିପାର
ମୋ ଚାଲିବା ପଥକୁ
କିନ୍ତୁ ମନେରଖ
ଲକ୍ଷ୍ୟ ମୋର ଅତୁଟ,
ନିଶ୍ଚେ ଧରିବି ମୁଁ ଜହ୍ନକୁ !

ଆରେ ତୁମେ ଖାଲି ହସିହସି
ଅଶକ୍ତ ହେଉଥିବ ସିନା
ଜହ୍ନ କିନ୍ତୁ ମୋ ପାଖକୁ
ପାଖେଇ ପାଖେଇ ଆସୁଥିବ
ମର୍ତ୍ତ୍ୟରୁ ତୁମେ ଖାଲି
ଆକାଶକୁ ବାରବାର
ମୁଣ୍ଡଟେକି ଚାହୁଁଥିବ ସିନା
ମୁଁ କିନ୍ତୁ
ମୋ ଶୋଷକୁ ମେଣ୍ଟାଉଥିବି
ବିହାସରେ
ବିହାସରେ, ଜହ୍ନରାଇଜର ସୁନା ପାଲିଙ୍କିରେ
ଦୋଳି ଖେଳୁଥିବି !
ମନେରଖ
ମନେରଖ, ଲକ୍ଷ୍ୟ ମୋର ଅତୁଟ
ନିଶ୍ଚେ ଧରିବି ମୁଁ ଜହ୍ନକୁ !

ଆକାଶରେ ଅଛି କଇଁଆ
ଆକାଶରେ ବି ଅଛି ମାଙ୍ଗଲ୍ୟପେୟ
ଆକାଶରେ ବି ଅଛି ଜହ୍ନ !
ଜାଣିଛି,
ଜାଣିଛି ମୁଁ କଇଁଆ ପାଖାପାଖି ହୋଇଗଲେ
ସୁରଙ୍ଗ ପେଣ୍ଡାରୁ ମଙ୍ଗାଲ୍ୟପେୟ
ଛିଣ୍ଡାଇବା ବେଳ ହୋଇଗଲେ
ଜହ୍ନ ମୋ ପାଖାପାଖି ହୋଇଗଲେ
ତୁମେ ମୋ ଗୋଡ଼ ଟାଣିବ
ମୋତେ ଧରାଶାୟୀ କରିବାକୁ
ଝାଳ ବୁହାଇବ,
ତୁମ ହସନକୁ
ଯଥାର୍ଥ ବୋଲି ପ୍ରମାଣ କରିବାକୁ
ଶତଚେଷ୍ଟା କରିବ ।

କିନ୍ତୁ ମନେରଖ
ଲକ୍ଷ୍ୟ ମୋର ଅତୁଟ
ନିଶ୍ଚେ ଧରିବି ମୁଁ ଜହ୍ନକୁ !

ଆରେ ହେ କଣ୍ଟକ
ତୁମେ କିଛି କରି ନ ପାରିବାର
କ'ଣ ପଣ କରିଛ କି ?
ତୁମେ ଉଦୀୟମାନ ସୂର୍ଯ୍ୟର
ବିଚ୍ଛୁରିତ ଆଭାକୁ ଢାଙ୍କି ଦେବାର
କ'ଣ ଠିକା ନେଇଛ କି ?
ତୁମେ ତୃଷାର୍ତ୍ତମାନଙ୍କୁ
ସହ୍ୟ କରି ନ ପାରିବାର
କ'ଣ କିରିଆ ଧରିଛ କି ?

ଜାଣିଛି
ଜାଣିଛି, ଏଥିପାଇଁ
ତୁମେ ଅନେକ ମାନସମନ୍ଥନ କର
ଅନେକ ସମୟ ବି ଅପଚୟ କର
ବୁନ୍ଦାକୁ ବୁନ୍ଦା ଝାଳ ବି ବୁହାଅ ।
ହେଲେ ପଚାରିଲ
ପଚାରିଲ ତୁମ ହୃଦୟକୁ, ଅନ୍ତରାତ୍ମାକୁ
ତୁମ ମନକୁ, ଚେତନାକୁ
ତୁମ ପାରିବା ପଣକୁ
ତୁମେ କ'ଣ ସତରେ
ଆକାଶର କଇଆଁକୁ ତୋଳି ପାରିବନି ?
ତୁମେ କ'ଣ ସତରେ
ଆକାଶର ମାଙ୍ଗଲ୍ୟପେୟ ପାଇ ପାରିବନି ?
ତୁମେ କ'ଣ ସତରେ
ଆକାଶର ଜହ୍ନକୁ ଛୁଇଁ ପାରିବନି ?

ବୋଧେ,
ବୋଧେ ତୁମ ଚେତନା କହିବ-
ଆରେ ହେ ଭୀରୁ କାପୁରୁଷ
ତୁମେ ତୃଷାର୍ତ୍ତ ନ ହେଲେ
ଝରଣା ପାଇବ କେମିତି ?
ତୁମର ପାଇବାର ଇଚ୍ଛା ନ ହେଲେ
ତୁମଠୁ ଚେଷ୍ଟା ଜନ୍ମିବ କେମିତି ?
ତୁମର ଜୀଇଁବାର ଇଚ୍ଛା ନ ହେଲେ
ତୁମେ ଜାଗ୍ରତ ହେବ ବା କେମିତି ?

■

ମରୁ ଦେଶର ଜଣେ କୋମାଗ୍ରସ୍ତ କବିଙ୍କ ଚେତାପ୍ରାପ୍ତ

ଆଜି କ'ଣ ବର୍ଷା ହେଉଛି କି ?
କବି ପଚାରିଲେ ତାଙ୍କୁ ଦୂତୀଙ୍କୁ
ଆଗୋ ସଖି
ପାଦ ମୋର କାହିଁ ଖସିଯାଉ ଅଛି
ଖସଡ଼ା ବାଟରେ ସଟସଟ କରି
ମନ ପୁଣି ମୋର ଟାଣି ହୋଇଯାଏ
ନଦୀ ପଠା ପାଣି ଆଡ଼କୁ
ଆଗୋ ସଖି
ଆଜି କ'ଣ ବର୍ଷା ହେଉଛି କି ?
କବି ପଚାରିଲେ ତାଙ୍କ ଦୂତୀଙ୍କୁ ।

କାହିଁକି ହୋ ତୁମେ ଭଣ୍ଡାଇ ଚାଲିଛ
ମୁଁ ପୁଣି କୁଆଡ଼େ କୋମାଟାରେ ଥିଲି
ପାଞ୍ଚ ବରଷ ହେଲାଣି ଆଜକୁ
ହସ ଲାଗେ ମୋତେ
ତୁମ ପାଗଳାମି ଦେଖି
ଓଳିତଳୁ ଆମ ବର୍ଷା ପାଣି କେତେ
ଝରିପଡୁଅଛି
ଟୁପୁରୁ ଟୁପୁରୁ
ଶୁଭୁନାହିଁ କିବା ତୁମ କାନକୁ
ଆଗେ ସଖି
ଆଜି କ'ଣ ବର୍ଷା ହେଉଛି କି ?
କବି ପଚାରିଲେ ତାଙ୍କ ଦୂତୀଙ୍କୁ ।

ସାରୁ ପତରରେ ପାଣି ଟଳମଳ
ବେଙ୍ଗଟା କେମିତି କରକର କରି
ରଡ଼ି କରୁଅଛି
ବୋଧେ ଡାକୁଅଛି ତାର ସାଥିକୁ
ନାତିକୁ କହିଦେ ନଭିଜୁ ବର୍ଷାରେ
ଥଣ୍ଡା ଧରିଦେବ କାଳେ ତାର ଦେହକୁ
ଆଗୋ ସଖି
ଆଜି କ'ଣ ବର୍ଷା ହେଉଛି କି ?
କବି ପଚାରିଲେ ତାଙ୍କ ଦୂତୀଙ୍କୁ ।

ସ୍ୱାମୀଙ୍କର ଜଣେ ସାଥି ପହଁଞ୍ଚିଲେ
ହାତଟାରେ ଥିଲା ଖାତାଟାଏ ତାଙ୍କ
କଲମଟେ ଦେଲେ କବି ବନ୍ଧୁଙ୍କୁ
କହିଗଲେ ସିଏ
ଡାକତରଖାନା ମୋଟେ ନେବ ନାହିଁ
ସତ କହୁଅଛି ଭଲ ହୋଇଯିବ
ନିଶ୍ଚେ ଏବେ ସିଏ
ଯଦି ତୁମେ ତାଙ୍କୁ ନେଇଯିବ ଟିକେ
କବିମାନେ ଥିବା ଜାଗାକୁ
ଆଗୋ ସଖି
ଆଜି କ'ଣ ବର୍ଷା ହେଉଛି କି ?
କବି ପଚାରିଲେ ତାଙ୍କ ଦୂତୀଙ୍କୁ ।

କବି ଲେଖିଗଲେ ଖାତାଟାରେ ତାଙ୍କ
ସେ ପୁଣି କୁଆଡ଼େ
ଗବେଷଣା କରି ଯାଇଥିଲେ କାଳେ
ଦେଖି ଆସିଛନ୍ତି ସ୍ୱର୍ଗପୁରୀକୁ
ଯମ କହିଅଛି ଯେଉଁ ଯେଉଁମାନେ
ଗଛ କାଟୁଛନ୍ତି

ପକାଇ ଦେବ ସେ ତତଲା ତେଲରେ
ଫେରାଇଛି ମୋତେ ଯମପୁରରୁ ସେ
ତାଗିଦ କରିକି କହିଅଛି ମୋତେ
ନିଶ୍ଚେ ଜଣାଇବା ପାଇଁ ମରୁବାସୀଙ୍କୁ
ଆଗୋ ସଖି
ଆଜି କ'ଣ ବର୍ଷା ହେଉଛି କି ?
କବି ପଚାରିଲେ ତାଙ୍କ ଦୂତୀଙ୍କୁ ।

କାଠ ବେତାଳ

ଖଣ୍ଡ ଖଣ୍ଡ ହୋଇ
ଅଜସ୍ର ବାଦଲଖଣ୍ଡମାନ
ଭାସିଗଲେ ମୋ ମୁଣ୍ଡ ଉପରଦେଇ
ଗର୍ଭିଣୀ ସାଜିବା ପାଇଁ ହଂସା ଉଡ଼ାଉଥିବା
କ୍ଷେତ ଉପରେ ଘଷି ହୋଇ
ଉଜୁଡ଼ା ଜଙ୍ଗଲରେ ରକ୍ତ ଝରାଉଥିବା
ପତିତ ଦ୍ରୁମମାନଙ୍କ ଲୁହ ପୋଛି ଦେଇ ।

ମୋ ଦିହ ଶୀତେଇ ଗଲା
ଝାଳ ନିଗାଡୁଥିବା ସବୁ ଟାଙ୍ଗିଆ କଟୁରୀମାନେ
କାଲୁଆ ହୋଇଗଲେ
ହେଲେ
ମାଟି ଓଦା ହୋଇପାରିଲାନି
କି ମଞ୍ଜିମାନେ ଗଜା ହୋଇପାରିଲେନି
ମୋ କାଠପଲଙ୍କ, କବାଟ, ଦୁଆରବନ୍ଧ
ଝରକା ଫାଳ, ଟେବୁଲ୍, ଚଉକି ଆଉ
ନୂଆ ଛାତଟାକୁ ଟେକିଧରି ରଖିବାପାଇଁ
ଅପେକ୍ଷାରତ ବଲ୍ହାମାନେ
ପଟା, ବେଟେନ୍ ବନିବାପାଇଁ
ଗଦାହୋଇଥିବା କାଠଗଣ୍ଡିମାନେ
ସମସ୍ତେ ବେତାଳ ସାଜିଗଲେ
ଧାଇଁ ଆସିଲେ କ୍ଷିପ୍ରଗତିରେ
ମୋ କାନ୍ଧରେ ଝୁଲିପଡ଼ିବା ପାଇଁ ।

ପ୍ରଶ୍ନକଲେ - କହ
ଏପରି ସ୍ଥିତି କାହିଁକି ହେଲା ?
ସେତେବେଳକୁ ନବବଧୂଟିଏ
ଗାଁ ମୁଣ୍ଡ ଢେଙ୍କିଆ କଳଟାକୁ
ହାବିସ୍ ମାରିମାରି ନୟାନ୍ତ ହେବାପରେ
ଅଣ୍ଟାରେ ଶୂନ୍ୟ ମାଠିଆ ଉପରେ ମାଠିଆ
ଆଉ ହାତରେ ଖାଲି ବାଲ୍‌ଟିଟାଏ ଧରି
ନିରାଶରେ ଘରକୁ ଫେରୁଥିଲା
ଆଉ
ତା' ଛାତିର ବିଶୀର୍ଣ୍ଣ ସ୍ତନଦିଟାକୁ
ଯାବୁଡ଼ିଧରି ନବଜାତ ଶିଶୁଟା
ଜୀଇଁରହିବାପାଇଁ କେବଳ ଛେପ ଢୋକୁଥିଲା ।

ଭିତତ୍ରସ୍ତ ମନଟା
ବରଡ଼ାପତ୍ର ପରି ଥରିବାକୁ ଲାଗିଲା
ଉତ୍ତର ନପାଇ ଉଡ଼ିଗଲେ
ସବୁ ବେତାଳମାନେ ହିମମଣ୍ଡଳ ଆଡ଼କୁ
ଯେଉଁସବୁ ଅର୍ଦ୍ଧମୃତ ଝରଣାଗୁଡ଼ାକ
ଦିକିଦିକି ହୋଇ ବଞ୍ଚି ରହିଥିଲେ
ଅଙ୍କୁଶ ଲଗାଇଦେଲେ ସେମାନଙ୍କ ଉପରେ
ଆଉ ନ ଝରିବା ପାଇଁ
ସେତେବେଳକୁ
ସ'ମିଲ୍ ମାଲିକ ମାନେ
ଧାରଣାରେ ବସିବାକୁ ସଜବାଜ ହେଉଥିଲେ
ଶିଳ୍ପମାନ୍ୟତା ପାଇବା ପାଇଁ ।

■

ଆଜିର ଡାକ ଜୈବଚାଷ

ଜନସଂଖ୍ୟା ଆଜି
ହୁହୁ ହୋଇ ବଢ଼ିଚାଲିଛି
ଭକଭକି ପାଇଁ ରେଳରାସ୍ତା ସବୁ
ଲମ୍ବି ଲମ୍ବି ଯାଉଛି
ଚାରି-ଆଠ ଚକା ଗାଡ଼ି ଘୋଡ଼ା ପାଇଁ
ରାସ୍ତାଗୁଡ଼ା ସବୁ
ଓସା'ରିଆ ହେଉଛି
କେତେ କଳ କାରାଖାନା
ସବୁଜ ବଳୟ କ୍ଷେତ୍ର ଭିତରକୁ
ଧ'ସେଇ ପସୁଛି
କିନ୍ତୁ
ଭାରତର ସୀମା ସ୍ଥିର ରହିଛି
ମୁଣ୍ଡ ପିଛା ଆଜି
ଚାଷ ଜମି ପରିମାଣ
କମି କମି ଯାଉଛି
ତେଣୁ
ଗାଁ ବିଲ ଆଜି ସାରପ୍ରୟୋଗରେ
ନୀଳକଣ୍ଠ ହୋଇଛି ।

ଚେଙ୍ଗ, ଗଡ଼ିଶା, କେରାଣ୍ଡି, ଶେଉଳ
ରତା, ଫଳି, ତୋଡ଼ି, ମାଗୁର
କାଁ ଭାଁ ଦିଶୁଛି
ଦାଣ୍ଡିଆ, ଖଇଁଚି, ଅନ୍ଧୁଣୀ, ବନିସୀ
ସଂଗ୍ରାହଳୟରେ ଶୋଭା ପାଉଛି
ଆମ ଭାତଥାଳି ଆଜି

ଭୂସି ଚିଙ୍ଗୁଡ଼ିର ବାସ୍ନା ଖୋଜୁଛି
ମାଟି ମା ଆଜି ଜହରର ଏକ
ବଳୟ ଭିତରେ ଅବିକବି ହେଉଛି
ଆରେ
ଆମ ବେଳକାଳ ବୋଧେ
ସରି ଆସୁଛିରେ ସରି ଆସୁଛି
କ୍ୟାନ୍‌ସର ବ୍ୟାଧି ମାଡ଼ି ଆସୁଛି
ଜୈବଚାଷର ବେଳ ଆସିଛି ରେ
ବେଳ ଆସିଛି
ଜୈବଚାଷର ବେଳ ଆସିଛି ।

ଫୁଲ କୋବି ଆଜି ତା
ବାସ ହାରିଛି
ବନ୍ଧାକୋବିରୁ ମହକ ମରିଛି
ଗୁଆଘିଅ ଆଜି ଇତିହାସ ହୋଇଛି
ଉଗୁଜା ଚାଉଳ ମୁଢ଼ିଭଜା ହାଣ୍ଡି
କୁମ୍ଭାର ଭାଟିରୁ ହଜି ଯାଇଛି
ଆରେ
ଆମ ବେଳକାଳ ବୋଧେ
ସରିଆସୁଛି ରେ ସରି ଆସୁଛି
କ୍ୟାନ୍‌ସର ବ୍ୟାଧି ମାଡ଼ି ଆସୁଛି
ଜୈବଚାଷର ବେଳ ଆସିଛି ରେ
ବେଳ ଆସିଛି
ଜୈବଚାଷର ବେଳ ଆସିଛି ।

କୀଟନାଶକର ପ୍ରୟୋଗ ଫଳରେ
ଝିଣ୍ଟିକା, ଝିଙ୍କାରୀ, ଭଅଁର, ଗୁଞ୍ଜାର
ସତ୍ତା ହାରିଛି
ମହୁଫେଣା ଆଜି ସ୍ୱପ୍ନ ଲାଗୁଛି

କଙ୍କିଗୁଡ଼ାକ ମରିଯାଇଛି
ପ୍ରଜାପତି ସବୁ ଲୋପ ହୋଇଛି
ସାଧବ ବୋହୂର ସ୍ପର୍ଶ ପାଇଁ
ମନ ମୋର ଆଜି
ହାଇଁ ପାଇଁ ହେଉଛି
ପନି-ପରିବା ଗୁଡ଼ାକ
ରଙ୍ଗଗଡ଼ିଆର ବୁଡ଼ଦେଲା ପରେ
ବିକ୍ରି ହେଉଛି
ଆରେ
ଆମ ବେଳକାଳ ବୋଧେ
ସରି ଆସୁଛିରେ ସରି ଆସୁଛି
କ୍ୟାନ୍‌ସର ବ୍ୟାଧି ମାଡ଼ି ଆସୁଛି
ଜୈବଚାଷର ବେଳ ଆସିଛି ରେ
ବେଳ ଆସିଛି
ଜୈବଚାଷର ବେଳ ଆସିଛି ।

■

ସାବଧାନ ପ୍ରଳୟ ଆସୁଛି

ସବୁକିଛି ଭୂଲୁଣ୍ଠିତ ହେଲାପରେ
ନିଃଶବ୍ଦ କ୍ରନ୍ଦନ ଧ୍ୱନି ଭାସି ଆସେ
ମନ୍ଦମନ୍ଦ ହୋଇ ପବନ ସ୍ରୋତରେ
କାହିଁ କେତେ ଦୂରରୁ
ଦୂର ଦିଗ୍‌ବଳୟରୁ
ମୁଁ ବଞ୍ଚି ରହିଥିବା ଯୁଗର
ବଳୟ ଭିତରୁ ।

ମୋ ମାଟି ମା'କୁ
ମୋ ହାତ ମୁଠାର ପୃଥିବୀ ଗୋଟାକୁ
ଛାଡ଼ି ଆସିଥିଲି ମୁଁ
କେତେଗୁଡ଼ାଏ ପୁରୁଣା
ଆଉ ଅଭିଜ୍ଞ
ଆଞ୍ଜୁଳା ଭିତରେ ।

ମୁଁ ଶାନ୍ତିରେ ବଞ୍ଚି ରହିଥିଲି ସେଦିନ
ମରିଥିଲି ବି ସେଇ ଶାନ୍ତିରେ
ବସା ବାନ୍ଧିଥିଲି
ମୋ ମାଟି ମା'ର ଶ୍ମଶାନ କୋଳରେ
ବାସ ଚହଟୁଥିବା
ଗୋଟାଏ ସୁନ୍ଦର ଫରୁଆ ଗର୍ଭରେ ।

ନଥିଲା କିଛି ଅବଶୋଷ ମୋର
କି କାଣିଚାଏ ମାତ୍ର ଅନ୍ଧାର
ମୋ ରାଜ୍ୟର କୋଣ ଅନୁକୋଣରେ

ଦିନ କାଟୁଥିଲି ମୁଁ ହସିହସି
ତାରି ଭିତରେ
ମୋ ବିରାଦରୀମାନଙ୍କ
ବିଶ୍ୱାସର ପରିଧି ଭିତରେ ।

ଆଜି ମୋ ପିଣ୍ଡ,
ଆମ ଆତ୍ମା ସବୁ
ଅଣନିଶ୍ୱାସୀ, ଆକେତା ମାକେତା
ତୁମ ଏ ମହାସାମ୍ରାଜ୍ୟର
ବିଷାକ୍ତ ବଳୟ ଭିତରେ
ସତ କୁହ, ସତ କୁହ,
ତୁମେ ପିଣ୍ଡଦାନକର
ଆମେ ଜୀଅନ୍ତା ବୋଲିନା ?

ଆମ ଆସ୍ଥାନ-ଶ୍ମଶାନ ଘାଟ
ଆଜି ଭାରାକ୍ରାନ୍ତ
ତୁମ ଦିଗହରା ସହରମାନଙ୍କ
ଅଫେରା ଢେଉର ଚାପାରେ
ତୁମ ବପୁର ମୂଳଦୁଆ
ଆଜି ଆମ ସମାଧିମାନଙ୍କ
ମଥାନ ଉପରେ
କୁହ ତେବେ-
ଆମ ସ୍ଥିତି ରହିବ କେମିତି ?
ଆରେ ଆମେ ବଞ୍ଚି ରହିବୁ କେଉଁଠି ??

ଶାନ୍ତ ଭୂଇଁର ଶ୍ମଶାନଘାଟ
ଆଜି ଅଶାନ୍ତ
ତୁମ ଯାନବାହାନର କର୍କଶ ନାଦରେ
ଆବର୍ଜନାର ପାହାଡ଼ ଘେରରେ

ଆଉ ପୁତିଗନ୍ଧମୟ ତୁମ ଶୌଚପାଣିର
ଗରଳ ସ୍ରୋତରେ
କୁହ ତେବେ –
ଆମେ ତୁମ ଡାକ
ଶୁଣିପାରିବୁ କେମିତି ?
ବିଚରଣ କରିବୁ କେଉଁଠି ??
ତୃଷ୍ଣା ଆମ ମେଣ୍ଟିବ ବା କେମିତି ???

ଆଉ ଆମ ମୁଣ୍ଡ ଉପର
ଆକାଶ ଗୋଟାକ ଯାକତ
ଆଜି ଉବୁଟୁବୁ
ତୁମ ଯାନ ନିସୃତ
ବିଷାକ୍ତ ବାଷ୍ପର ବଳୟ ଭିତରେ
କୁହ ତେବେ–
ଆମେ ନିଶ୍ୱାସ ନେବୁ କେମିତି ?
ଆରେ, ଆମେ ବଞ୍ଚି ରହିବୁ କମିତି ??

ଆଉ ତୁମେ ପରଷୁଥିବା
ପିଣ୍ଡତ ଆଜି ଅଷ୍ଟରଙ୍ଗୀ
ନାଲି, ହଳଦିଆ, ଆଉ
ସବୁଜ ରଙ୍ଗର
ବିଷାକ୍ତ ପ୍ରଲେପ ଭିତରେ
ଆମେ ତାକୁ ପାଇବୁ କେମିତି ?
ଆରେ ଆମେ
ବଞ୍ଚି ରହିବୁ କେମିତି ??
ସତ କୁହ, ସତ କୁହ,
ତୁମେ ପିଣ୍ଡଦାନକର
ଆମେ ଜୀଅନ୍ତା ବୋଲିନା ?

ବନବାସୀ

ସହରୀମାଟିରେ
ଆକ୍‌ତାମାକ୍‌ତା ହେଲାପରେ
ପାଦପଡ଼େ ମୋର ଯାଇଁ
ଗୋଟାଏ ଅକ୍ଷତ ଭୂଇଁରେ
ଶଶାଟାଏ ଚାଲିଯାଏ
ଶୁଷ୍କପର୍ଣ୍ଣ ଗାଲିଚା ଉପରେ
ଛମ୍‌ଛମ୍ ଛଛମ୍‌ଛମ୍ ଶବଦ
ସତେ କି ଅବା ସେଠି
ନିରବତା ସ୍ୱଷ୍ଟଭାବେ କଥା କୁହେ ।

ନିଃଶବ୍ଦ ଇଲାକା
ଖାଲି ଚିଁ ଚିଁ ଶବଦ ଝିଙ୍କାରୀର ଶୁଭୁଥାଏ
କୁଳୁକୁଳୁ ନାଦ ସାଥେ ଝରଣାଟା ବୋହୁଥାଏ
ମହୁଲ ଫୁଲର ମାଦକତା
ନାୟିକାର ସାଥେ ସାଥେ ସେଠି
ଭଲ୍ଲୁକ ବି ପାଗଳ ହୁଏ
ଆଦିବାସୀ ଲଳନାଟି
ଶୁଗୁରୀ ମାରିମାରି ନିବସ୍ତ୍ର ସ୍ନାନ କରେ
ଚୂଆର ଅନ୍ଧାରୀ ଗର୍ଭଟା ସେଠି
ସବୁବେଳେ ଖୋଲା ରହିଥାଏ
ମନାନାହିଁ - ପଥଚାରୀ
ଯିବାପାଇଁ ସେ ବାଟରେ
ଆଖି ଯଦି କେବେ ତାର
ଅମାନିଆ ହୋଇଯାଏ
ନିସ୍ତବ୍ଧତାର ବୁକୁଚିରି

ତୀର ତାର ବକ୍ଷ ଭେଦେ
ସେଠି ଧନୁ ସାଙ୍ଗେ ସାଙ୍ଗେ ଶରବିଡ଼ା
ନାୟକର କାନ୍ଧେ କାନ୍ଧେ ସବୁବେଳେ ବୁଲୁଥାଏ।

ଜଣାନାହିଁ ତାକୁ ଆମ
କୋର୍ଟ କଚେରୀର କାମ
ଆଦିଭୂମି ବସିନ୍ଦା ସେ
କଥାପଡ଼େ ଯାଇ ପୁଣି
ଗାଁର ମୁଖିଆ ପାଖରେ
ସଭାଚାଲେ ବରଗଛ ଛାଇତଳେ
ସଲପ-ହାଣ୍ଡିଆ ସାଥେ ସାଥେ
ଛେଳି, ମେଣ୍ଢା, ପୋଢ଼ ଅବା
ଘୁଷୁରୀ କି ଗାଈ କେତେପଟ ଦେଇ
ଦୋଷୀ ସେଠି ମୁକ୍ତହୁଏ ।

ମୟୁରଟା କେତେବେଳେ
ମୟୁରୀକୁ ରଡ଼ିକରି ଖୋଜୁଥାଏ
ବେଳେବେଳେ କୋଇଲି ବି
ଗୀତ ସେଠି ଗାଇଥାଏ
ରାତି ଅବା ଦିନଟାରେ
ବାଘଟାଏ ପୋଢ଼ଟାକୁ
ଗୁହାଳରୁ ଟାଣିନିଏ ।

ଚଇତି ପରବ ଆଗମନେ
ଶଶା ଅବା ବଣପକ୍ଷୀ ମାନଙ୍କର
ଛାତିଖାଲି ଧଡ଼ଧଡ଼ ହେଉଥାଏ
ଭେଣ୍ଡିଆଟେ ଶିକାରଟେ
ଆଣି ଯେବେ ଫେରିଥାଏ
ଗାଁ ମୁଣ୍ଡେ ନାରୀ ମୁହେଁ

ଆନନ୍ଦ ଯେ ଖେଳିଯାଏ
ନାଚ, ଗୀତି, ବାଦ୍ୟ ସାଥେ
ଶିକାରଟା ସିନ୍ଧିବର ଗଛଡାଳେ
ରାତ୍ରିଯାକ ଶୋଭାପାଏ ।

ଛନ୍ଦାଛନ୍ଦି ହାତମାନ
ବେଣୀହୋଇ ଅଣ୍ଟାବାନ୍ଧେ
ପାଞ୍ଚମନ ସାଥିହୋଇ
ତାଳ, ନାଦ, ଲୟ ସାଙ୍ଗେ
ରାତି ତାଙ୍କ କେତେପାହେ
ବେଳେବେଳେ ବାଦଲବି
ତୁମ ଦେହେ ଘଷିହୋଇ
ଚୁମାମାରି ଚାଲିଯାଏ ।

ଜଣାନାହିଁ ଯଉତୁକ ପ୍ରଥାକଣ
କନ୍ୟାସୁନା ବାବଦରେ
ଗାଈକେତେପଟ ସାଥେ
ମଦ କିଛି ଦେଇଥାଏ
ଦିଶାରୀକୁ ଭେଟୁଥାଏ
ମାତ୍ରାଧିକ ପୀଡ଼ା ହେଲେ
ପୋଢ଼ ବଳି ଦେଇଥାଏ
ହାରିଯାଏ ବେଳେବେଳେ
ଜୀବନଯୁଦ୍ଧରେ ସିଏ
ନିଜକୁ ସେ ବିକିଦେଇ
ଗୋତିହୋଇ ଖଟୁଥାଏ ।

ଏଠି ମାଟି ଅକ୍ଷତ କିନ୍ତୁ
ରକ୍ତାକ୍ତ ସେ ନିତିହୁଏ
ତୁମ ଜେସିପିର ଫଣା

ତାକୁ ଖାଲି ଦନ୍‌ସି ଦନ୍‌ସି ଚାଲିଥାଏ
ଡିନାମାଇଟ୍‌ଟା ସେଠି
ଦିନରାତି ଫୁଟୁଥାଏ
ପର୍ବତଟା ଝଡ଼ିପଡ଼େ
ଖଣ୍ଡବିଖଣ୍ଡିତ ହୁଏ ସିଏ ।

ଜଣାନାହିଁ ଲୋଭ କ'ଣ
ଗିରିଜନ ପରା ସିଏ
ଅଭ୍ର କିବା କୋଇଲାର ଖଣିପାଇଁ
ତାର କିବା ଲୋଭ ଥାଏ ?
ଆଜି ପାଇଁ ବଞ୍ଚିରହେ
ନିତିଯାଏ ଜଙ୍ଗଲକୁ
ଶାଗମୁଗ ଖୁଣ୍ଟିଖାଏ ।

ଡଙ୍ଗରଙ୍କୁ ପୂଜାକରେ
କାହିଁକେତେ କାଳୁସିଏ
ଆଜି ତୁମ ବୁଲ୍‌ଡୋଜର
ଚୋଟ ପରେ ଚୋଟ ଖାଲି
ତାକୁ ମାରି ଚାଲିଥାଏ
ଟିକେ ତୁମେ ରହିଯାଅ
ଚିନ୍ତା କରି ସ୍ଥିର କର
ଏହି ଭୂମି କେତେ କାଳୁ
ଅକ୍ତିଆରେ ଅଛି ତାର
ଦୟାକର ଦୟାକର
ବନବାସୀ ପରାସିଏ ।

ବିମ୍ବିସାର ତୃତୀୟ ବିଶ୍ୱଯୁଦ୍ଧର

ଗତକାଲି
ସମୟଟା ଘୋଷଣା କରିସାରିଥିଲା
ଆଜି ଯୁଦ୍ଧ ହେବ ବୋଲି...!
ପିତାମାନଙ୍କ ଶିରଚ୍ଛେଦ ହେବ
ପୁତ୍ରମାନଙ୍କ ଶାଣିତ ଖଡ୍‌ଗରେ !!
ନତୁବା
ପିତାମାନେ ପ୍ରାଣହରାଇବେ
ପୁତ୍ରମାନଙ୍କ ବଜ୍ରମୁଷ୍ଟି ପ୍ରହାରରେ !!!
ନତୁବା
ଭଙ୍ଗା ମଦବୋତଲର ଧାରୁଆ ଦାନ୍ତରେ !!!!

ଗତକାଲି
ସମୟଟା ଘୋଷଣା କରିସାରିଥିଲା
ଆଜି ଯୁଦ୍ଧ ହେବ ବୋଲି
ପିତା ଆଉ ପୁତ୍ରମାନଙ୍କ ମଧ୍ୟରେ !

ଯୁଦ୍ଧ ଭେରୀ ବାଜିଉଠିଲା
ପୁତ୍ରମାନଙ୍କ ରଣହୁଙ୍କାର ଗୁଡ଼ାକ
ଦୂରଦିଗ୍‌ବଳୟ ପର୍ଯ୍ୟନ୍ତ କ୍ଷେପିଗଲାପରେ
ପ୍ରତିଧ୍ୱନିତ ହୋଇ ଫେରିଲେ !
ପୁଣି
ଆକାଶର ବୁକୁଫଟାଇ
ଉଡ଼ିଗଲେ ରଣଭୂମିର ଆରପଟକୁ
ପୃଥିବୀର ଅପର ପ୍ରାନ୍ତକୁ !

ଶହ ଶହ ପିତାଙ୍କ ବପୁଗୁଡ଼ାକ ଦ୍ୱିଖଣ୍ଡିତ
କଟା ମୁଣ୍ଡମାଳାର ପାହାଡ଼ ଗୁଡ଼ାକରେ
ଧରିତ୍ରୀ ଭାରାକ୍ରାନ୍ତ !
ରୁଧିର ସ୍ରୋତର ରକ୍ତିମ ଆଭାରେ
ମାଟି-ମା ସିକ୍ତ !!?

କିନ୍ତୁ ଆଶ୍ଚର୍ଯ୍ୟ... ମହା ଆଶ୍ଚର୍ଯ୍ୟ...
ସବୁ କଟାମୁଣ୍ଡଗୁଡ଼ାକ ଜୀବିତ !
ସବୁ ମସ୍ତକ ବିହୀନ ବପୁଗୁଡ଼ାକ ବି ଜୀବିତ !!
ଶାନ୍ତିରେ ମରିପାରୁ ନାହାଁନ୍ତି
କି ଶାନ୍ତିର ବଞ୍ଚି ବି ପାରୁନାହାଁନ୍ତି !!!

ସବୁ ନିସ୍ତେଜ କଟାମୁଣ୍ଡମାଳାର
ନିଷ୍ପ୍ରଭ ନୟନ ଯୁଗଳଗୁଡ଼ାକ
ଖାଲି ପ୍ରଶ୍ନବାଚୀ
ଖୋଜି ବୁଲୁଥାନ୍ତି-
ଭୁଲ୍ ରହିଲା କେଉଁଠି ?
ପୁତ୍ରଗୁଡ଼ାକ ପିତାଙ୍କୁ
ଏପରି ହତ୍ୟା କଲେ କାହିଁକି ??

ସମୟ ଫେରିଲା
ଜୀଅନ୍ତା ବପୁହୀନ ମୁଣ୍ଡମାଳାଗୁଡ଼ାକ
ଜୀଅନ୍ତା ଛିନ୍ନମସ୍ତା ବପୁଗୁଡ଼ାକ
ଆଶ୍ୱସ୍ତ ବୋଧକଲେ !

ବୋଧେ ଯୁଦ୍ଧର ଅବସାନ ଘଟିପାରେ !
କୃଷ୍ଣଙ୍କ ଶଙ୍ଖଧ୍ୱନି ଶୁଭିପାରେ !!
ପୁଣିବୋଧେ କଟାମୁଣ୍ଡଗୁଡ଼ାକ
ଯୋଡ଼ି ହୋଇଯାଇ ପାରନ୍ତି

ସେମାନଙ୍କ ବପୁମାନଙ୍କ ସାଙ୍ଗରେ !!!
ପୁଣି ବୋଧେ ସେମାନେ
ବଞ୍ଚିରହିବା ପାଇଁ ଜୀଇଁ ଉଠିପାରନ୍ତି !!!
ସବୁ କିଛି ସମ୍ଭବ
ସେଇ ସର୍ବଶକ୍ତିମାନ
ପରମେଶ୍ୱରଙ୍କ ଇଚ୍ଛାରେ !!!!

ସମୟ କିନ୍ତୁ ଅସହାୟ
ଘୋଷଣା କଲା - ମୁଁ ନିରୁପାୟ !
କ୍ଷମାକର - ମୁଁ ନିରୁପାୟ !!
କ୍ଷମାକର - ମୁଁ ନିରୁପାୟ !!!
ମୁଁ ତ କେବଳ ଯୁଦ୍ଧର ପରିଣତିକୁ
ଦେଖିବାକୁ ଆସିଛି !!!!

ବାରବାର ଚୋଟପଡ଼ି ଚାଲିଥାଏ
କଟାମୁଣ୍ଡ ଆଉ ଛିନ୍ନମସ୍ତା ବପୁଗୁଡ଼ାକର
ଶୂନ୍ୟତା ମଧ୍ୟରେ !
ବପୁଗୁଡ଼ାକ କିନ୍ତୁ ମରୁ ନଥାନ୍ତି
ପୁତ୍ରମାନେ ଆକେତା ମାକେତା
ନିରାଶାରେ ଚିନ୍ତାଗଲେ
ଆପଣେଇବା ପାଇଁ ଦ୍ୱିତୀୟ ରାସ୍ତାକୁ
'ବଜ୍ରମୁଷ୍ଟି ପ୍ରହାର' ପ୍ରୟୋଗ କରିବାକୁ !!

ବଜ୍ରପ୍ରହାରର ମେଘଗର୍ଜନ ଗୁଡ଼ାକ
ଆକାଶ ବକ୍ଷରେ ବିଲିନ ହୋଇଯାଉଥାଏ !
ତଥାପି
ତଥାପି ବପୁଗୁଡ଼ାକ ମରୁନଥାନ୍ତି !!
କି ଜୀଇଁ ବି ପାରୁ ନଥାନ୍ତି !!!

ସର୍ବଶେଷରେ
ଶେଷ ଅସ୍ତ୍ର ପ୍ରୟୋଗ
ଭଙ୍ଗାମଦ ବୋତଲର
ଧାରୁଆ ଦାନ୍ତଗୁଡ଼ାକ ନିକ୍ଷେପିଗଲେ
ସବୁ କଟାମୁଣ୍ଡ ଆଡ଼କୁ!
ସବୁ ଛିନ୍ନମସ୍ତା ବପୁଆଡ଼କୁ !!
ସେଇ ଗୋଟାଏ ନିଶାରେ !!!
ଗୋଟାଏ ଲକ୍ଷ୍ୟରେ !!!!
ବାପାଙ୍କ ଆୟରୁ 'ଠିପିଖୋଲା' ସୁରାପାନ କରିବେ !
ଅବା
'ଠିପିବନ୍ଦ ବୋତଲ' ଘରକୁ ଆଣିବେ !!
ନିଜ ଇଚ୍ଛାରେ ଜୀଇଁବେ
ନିଜ ଇଛାରେ ଜୀଇଁବେ
ନିଜ ଇଚ୍ଛାରେ ଜୀଇଁବେ !!!

ଏ କଥାଟା
ସମୟ କହିସାରିଥିଲା
ଗୋଟାଏ କଟାମୁଣ୍ଡକୁ
ସେ ତା'ର ବପୁସାଙ୍ଗେ
ସମ୍ପୂର୍ଣ୍ଣ ଜୀଇଁଥିବା ବେଳେ
ଏଇ ବର୍ଷ କେଇଟା ପୂର୍ବରୁ
ଯେଉଁଦିନୁ ତାର ବାରବର୍ଷିଆ ପୁଅଟା
ଖଣ୍ଡି ହୁଁଙ୍କାର ମାରିବା ଶିଖୁଥିଲା
ବାପାଙ୍କ ବଳକା ସୁରାର ସ୍ୱାଦରେ
ସମ୍ପୂର୍ଣ୍ଣ ରୂପେ ଡୁବିଗଲା ପରେ !
ଆଉ,
ପୁତ୍ର ସ୍ନେହରେ ଉବୁଟୁବୁ ବାପାଟା
ସମାଜକୁ ନାଲିଆଖି ଦେଖାଇ
ପୁତ୍ରଟା ତାର 'ମଣିକାଞ୍ଚନ' ବୋଲି

ସବୁ ଟେକା ଆଙ୍ଗୁଠି ଗୁଡ଼ାକୁ
ଶୁଆଇ ଦେବାକୁ ଚେଷ୍ଟା କରୁଥିଲା
ଆଉ ସମାଜଟା
ନିଜକୁ ଆବଦ୍ଧ କରିଦେଉଥିଲା
ଏକ ସ୍ୱଚ୍ଛ ଚଦରର ଆବରଣ ଭିତରେ
ଆଜିର ଏ ବିଭସ୍ସ ଯୁଦ୍ଧ ହେବାର ଆଶଙ୍କାରେ !!
ରକ୍ତ ଛିଟିକାଠାରୁ ଦୂରରେ ରହିବା ଲକ୍ଷ୍ୟରେ !!!

■

ଭୋକ - ପେଟ ଆଉ ମନର

ଏଇ ଦେଖ ମଧୁଚକ୍ରରୁ
କେମିତି ପିଚିକି ପଡୁଛି ଜୀବନ ମାନ
ବ୍ୟାଧର ବାଣ
ଲାଗିଛି ନିଆଁ ଯାଇ ଆକାଶ ଦେହରେ
ଛିଣ୍ଡି ପଡ଼ିଛି ଆଜି ମଧୁମକ୍ଷୀମାନଙ୍କ
ରାଜ୍ୟ, ରାଜମହଲ, ଏନ୍ତୁଡ଼ିଶାଳ
ପୃଥିବୀ ଛାତିର ଶକ୍ତ ଚଟାଣ ଉପରେ !

ଶତଶତ ମୃତ, ଶତଶତ ଅର୍ଦ୍ଧମୃତ
ଯେଉଁ କେତେକ ଜୀବିତ
ଖାଲି ନୀରବଦ୍ରଷ୍ଟା
କାହାକୁ ବା କହିବେ ?
ଆଉଥରେ ଗଢ଼ିଦିଅ ଆମ ସାମ୍ରାଜ୍ୟକୁ
ଦେଇଦିଅ ଜୀବଦାନ
ଆମ ପ୍ରିୟଜନମାନଙ୍କୁ !

ବ୍ୟାଧ କ'ଣ ସତରେ ଚାହିଁଥିଲେ
ଧରାଶାୟୀ କରିଦେବାକୁ
ନିରୀହ ମଧୁମକ୍ଷୀମାନଙ୍କୁ ?
ସେ ତ, ଚାହିଁଥିଲା କେବଳ
ନିର୍ବାପିତ କରିଦେବା ପାଇଁ
ତା ପେଟର ଜ୍ୱାଳାକୁ ।

ସେଇଥିପାଇଁ ତ ଆଣ୍ଠେଇ ପଡ଼ିଥିଲା
ଭୂଇଁ ଉପରେ ସେ
ଲମ୍ବାଇ ଦେଉଥିଲା ବାରବାର
ତା ଭୋକିଲା ପେଟର ଶୁଖିଲା ଜିହ୍ବାକୁ
ଧାପୁଧାପୁ କରି ଚାଟି ଚାଲିଥିଲା
ମାଟି-ବାଲି ଫେଣ୍ଟାଫେଣ୍ଟି ମକରନ୍ଦକୁ ।

କ୍ଷୁଧା ନିର୍ବାପିତ
ଧରିନେଇଛି ଏବେ ସେ ହାତମୁଠାରେ
ଗୋଟାଏ ନୂତନ ସମ୍ଭାବନାକୁ
କୌଶଳେ ଯାବୁଡ଼ିଧରିଛି
ରାଣୀମହୁମାଛିଟାକୁ
ସାଉଁଟି ସାରିଛି ସବୁ
ଜୀଅନ୍ତା ମଧୁମକ୍ଷୀମାନଙ୍କୁ ।

କ୍ଷେପିଗଲେଣି ଏବେ ସବୁ ମଧୁମକ୍ଷୀମାନେ
ହସ୍ତିନାପୁରର ପୁଷ୍ପଉଦ୍ୟାନ ଆଡ଼କୁ
ପଶାକାଠିର ଦୁନ୍ଦୁନାଦ
ଘମାଘୋଟ ଯୁଦ୍ଧର ଆଶଙ୍କା
ବେଦମ୍
ଘରମୁହାଁ ଧାଁ ଧାପୁଡ଼ା ସବୁ ମଧୁମକ୍ଷୀମାନଙ୍କର
ଥାଉ ପଛେ ପେଟ ଅପୁରା
ବଞ୍ଚି, ବଞ୍ଚାଇବାକୁ ତ ପଡ଼ିବ
ତାଙ୍କର ଆଗାମୀ ପିଢ଼ିକୁ !

ସବୁ ମିଛ କଥା
ସବୁ ମିଛ କଥା, କିଏ କହିଲା
ଗାନ୍ଧାର କୁମାର ଶକୁନୀ ପଣ କରିଛି
ତୋଳିଦେବ ଗୋଟାଏ ଦୁର୍ଭେଦ୍ୟ ରାଷ୍ଟ୍ର

ଦୁର୍ଯ୍ୟୋଧନ ପାଇଁ
ଅର୍ଜୁନଙ୍କ ତୀରବାଣର
ବଳୟ ବାହାରେ ?
ପ୍ରଶ୍ନ- ରାଣିମହୁମାଛିର
ସମଗ୍ର ରାଷ୍ଟ୍ରକୁ ।

ନିରେଖି ଚାହଁ,
ନିରେଖି ଚାହଁ ଦେଖିପାରିବ,
ଶକୁନୀ କେବେହେଲେ ନୁହେଁ
ମନ ତ ହୁତୁହୁତୁ ହୋଇ ଜଳୁଛି
ଧୃତରାଷ୍ଟ୍ରଙ୍କର
ପଣ କରିଛି ସେ ଶୋଷିନେବ
ସବୁଯାକ ମକରନ୍ଦ ହସ୍ତିନାପୁରର
ଯାଆନ୍ତୁ ଜଳିଯାଆନ୍ତୁ ପଛେ ଜୀଅନ୍ତା
ପାଣ୍ଡବ ପାଞ୍ଚଜଣଯାକ
ନିବୁଜ ଜଉଘରର ଚିକିଟା ନିଆଁରେ
ଅବା ଭାସିଯାଉ
ସମଗ୍ର ରାଷ୍ଟ୍ରଟା
କୁରୁକ୍ଷେତ୍ରର ରକ୍ତାକ୍ତ ଭୂଇଁଉପରେ
କ୍ଷୋଭ ନାହିଁ,
ଚିନ୍ତା କାହିଁକି ବା ସେ କରିବ
ଶକୁନୀକୁ ତ ପୋଷିକି ରଖିଛ
କାହିଁ କେତେକାଳୁ ସେ
କେବଳ
ଇନ୍ଧନ ପାଇବା ଆଶାରେ ।

ସତରେ କ'ଣ
ଧୃତରାଷ୍ଟ୍ରଙ୍କ ସାମ୍ରାଜ୍ୟରେ
ଅପେକ୍ଷାରତ କଢ଼ିମାନେ

ପ୍ରସ୍ଫୁଟିତ ହୋଇପାରିଲେ ନା
କ୍ଷୁଧାର୍ତ୍ତ ମଧୁମକ୍ଷୀମାନେ
ସେମାନଙ୍କ ପେଟ ପୁରାଇପାରିଲେ ?
କାକୁସ୍ଥିଆ ମଧୁମକ୍ଷୀଗଣ
ଭଣ ଭଣ ହୋଇ ବେଢ଼ିବାକୁ ଲାଗିଗଲେ
ବ୍ୟାଧର ପରିଧି ଭିତରେ
ବୋଧେ
ବଞ୍ଚିରହିବାର କ୍ଷୁଧାରେ ସେମାନେ
ବିନତି କରୁଥିଲେ
ହେ ବ୍ୟାଧ -
ଆମେ ଜୀଇଁ ରହିବାକୁ ଚାହୁଁ
ଉପଭୋଗ କରିବାକୁ ଚାହୁଁ ଜୀବନ
କେବଳ ତୁମରି ତତ୍ତ୍ୱାବଧାନରେ
କ୍ଷୋଭ ନାହିଁ, ଯାଉ ପଛେ
ଜୀବଆମ
ଆମେ ତୁମ କ୍ଷୁଧା ମେଣ୍ଟାଇବା
ସମୟରେ ।

■

ଗାନ୍ଧୀ- ୧

ତୁମେ ମାଗିଥିଲ ସ୍ୱାଧୀନତା
ମୁଁ ଦେଖାଇଥିଲି ଛାତି
କିନ୍ତୁ
ଆତତାୟୀ ତ ଏଯାଏଁ ମରିନି ।

ଯାଅ -
ଫେରାଇ ନେଇଯାଅ
ତୁମ ଫୁଲତୋଡ଼ାମାନଙ୍କ ସମ୍ଭାର
ଖଣ୍ଡ ଖଣ୍ଡ କରି ଚୁନା କରିଦିଅ
ମୋ ପଥର ମୂର୍ତ୍ତିମାନଙ୍କୁ
ପୋତିଦିଅ ସେଥିରେ
ପାହାଡ଼ି ଖାଲ ଖମା ଗାଁ ରାସ୍ତା
ପାଦ ଥାପି ଚାଲିଆସୁ ଉପରେ ମୋର
ରକ୍ତହୀନା ବୀର ପ୍ରସବିନୀ
ପହଁଞ୍ଚିଯାଉ ସେ ଅପହଁଞ୍ଚ ସୂତିଗୃହ
ଉତୁରିଯାଉ ତା ଜଠର ବେଦନା
ହୁତୁହୁତୁ ହୋଇ ଜଳିଯାଉ ତୁମ
ଶତକଡ଼ା ବେପାର
ତୁମେ ନିଶ୍ଚେ ହାରିଯାଇଛ
ଜନ୍ମ ହୋଇଯାଉ ନିର୍ବିଘ୍ନରେ
ଗୋଟାଏ କାମେକା ଭବିଷ୍ୟତ ।

ରାଜା ଆଦେଶ ଦେଇଛି
ରାଜକୋଷ ହୋଇଛି ମୁକ୍ତ
କିନ୍ତୁ

ଗ୍ରାମ୍ୟ ସ୍ୱରାଜ ଆଜି
ଭୋକରେ ଆଉଟୁ ପାଉଟୁ
ବ୍ୟାଧ ନିକ୍ଷେପିଛି ଜାଲ
ଆଖିରୁ ଏବେ ହାତ କାଢ଼
ଦେଖି ପାରିବତ ନିଶ୍ଚୟ ଦେଖ
ବଣ୍ଡା-ଡ଼ିଡ଼ାଇ ଗର୍ଭରେ
କେମିତି ଭୁଟୁଭୁଟୁ ହୋଇ ଫୁଟୁଛି
ଶଳପଗଛ ଗଣ୍ଡି ଗୁଣ୍ଡର ଜାଉ
ସତେ କି ଅବା
ଉତ୍ତୁରିଯିବ ନିଶ୍ଚେ
ସବୁ ଆଦିଭୂମିମାନଙ୍କ
ଭୋକର ଦାଉ ।

ପୁନର୍ବାର ଦେଖିପାରିବତ
ଅବଶ୍ୟ ଦେଖ
ବିଚାରୀ ଶବରୀ କନ୍ୟାଟି କେମିତି
କ୍ଷେପିଗଲାଣି ଉଛୁଳା ନଦୀଗର୍ଭକୁ
ସାମନାରେ ତାର
ସେଇ ଷାଠିଏ ଦଶକର
ଏକମାତ୍ର ବିକଳ୍ପ
ସିଆଳି ଲଟିର ଦୋଦୁଲ୍ୟମାନ
ଭାସମାନ ବାଟ
ଦେଖ, ଦେଖ, ଦେଖ
ଦେଖିପାରିବତ ଅବଶ୍ୟ ଦେଖ
ହାତକୁ କରିଛି ସେ
କେମିତି ତା ପାଦ ।

ହାରିଛି ଆଜି
ଆମ ସ୍ୱାଧୀନତାର ଆନ୍ଦୋଳନ

ପରାଧୀନ ହୋଇଛି ତୁମ ସମ୍ବିଧାନ
ପାଠୁଆ ବନିଯିବା ପାଇଁ ଅଦମ୍ୟ ପ୍ରଚେଷ୍ଟା ତାର
ଟଳମଳ ବହିଖାତା ମାନେ
ମୁଣ୍ଡ ଉପରେ ତାର କାକୁସ୍ଥ
କିନ୍ତୁ
ଦେଖି ପାରିବତ
ଟିକେ ନିରେଖି ଦେଖ
ଦୈତ୍ୟ କେତେଜଣ ଆଚାର୍ଯ୍ୟଙ୍କ
କେମିତି ପଡ଼ିଛି
ତା କାୟା ଉପରେ ଲକ୍ଷ।

କ'ଣ ମିଛ ବୁଝିଲ କି ?
ଦେଖୁନ,
ଦେଖିପାରିବତ ଅବଶ୍ୟ ଦେଖ-
କେତେଜଣ ଅନ୍ତେବାସୀ
କେମିତି ହେଲେଣି ଅନ୍ତସତ୍ତ୍ୱା
ଆଚାର୍ଯ୍ୟେ କିନ୍ତୁ ଆଣିଛନ୍ତି
ଓଲଟା ଆରୋପ
ଏସବୁ କାଳେ କେଉଁଆଡ଼େ
ସମ୍ପୂର୍ଣ୍ଣ ମିଥ୍ୟା କଥା
ବିରୋଧିମାନଙ୍କ ଅପପ୍ରଚାର
କିନ୍ତୁ
ତୁମେ ବୋଧେ ଜାଣନା
ବନବାସୀ ଭାଷାକୋଷରେ
ମିଛବୋଲି ସେମିତି କିଛି ଶବ୍ଦ ନ ଥାଏ
ତୁମ ସ୍ୱାଧୀନତାର ଅର୍ଥ
ସେ କେବେହେଲେ ଜାଣେନା
ଯୁଗଯୁଗରୁ ସେ ସ୍ୱାଧୀନ
ତା ନିଜ ସମ୍ବିଧାନରେ

ସେ ରାଜା
ପରାଧିନ ହେବାକୁ ସେ ଚାହେଁନା ।

ଆଉ ଟିକେ ଝାଳ ନିଗାଡ଼ି ପାରିବତ
ଅବଶ୍ୟ ଘଞ୍ଚ ଘାଟି ଉପରକୁ ଉଠ
ତୁମେ ନିଶ୍ଚେ ଦେଖିପାରିବ
ବଣ୍ଡା ରମଣୀଟି କେମିତି
ବିଦାରି କରୁଛି
ତା ବକ୍ଷଯୁଗଳକୁ ରକ୍ତାକ୍ତ
ପିଇ ନ ପାରୁ ପଛେ ନବଜାତ
ତା ଛାତିର ରସ
ପାଳିବାକୁ ଅଛି ତାକୁ
ତା ଅନ୍ତର ଭିତରର ଶୋକ
ସେଇ ପେଟ ପାଇଁ
ବାପା ବେକରେ ପୁଅ ପକାଇଛି
ଶକ୍ତ ଏକ ଟାଙ୍ଗିଆର ଚୋଟ ।

■

ଅବବୋଧ

ଅନେକଥର ଝୁଣ୍ଟି
ମୁଁ ଆଣ୍ଠେଇ ପଡ଼ିଲାପରେ
ଗୋଟାଏ ଧଳା ତମ୍ବୁର କକ୍ଷଟିଏ
ଠିଆ ହୋଇପାରିଲା
ଏକ ସୁସଜ୍ଜିତ ମଞ୍ଚ ଉପରେ
ମୋ ବାପାଙ୍କର
ତୈଳଚିତ୍ରଟିଏ ବି ରଖାଗଲା ।

ପୁଷ୍ପମାଲ୍ୟ ଅର୍ପଣର ପରମ୍ପରା
ତୈଳଚିତ୍ର ନିକଟରେ
ବିରାଟ ଏକ ତସଲାରେ ତସଲାଏ
ପୁଷ୍ପଦଳ ଥୁଆ ହେଲା
ଧୁପକାଠିର ବାସ୍ନାରେ
ମଞ୍ଚଟିକୁ ସୁବାସିତ ବି କରାଗଲା ।

ଲକ୍ଷ-
ନିମନ୍ତ୍ରିତ ଅତିଥିମାନେ
ଶ୍ରଦ୍ଧାଞ୍ଜଳି ଅର୍ପଣ କରିବେ
ମୋ ବାପାଙ୍କ ମୃତାତ୍ମା ସଦ୍‌ଗତି ଲଭିବ
ବୋଧହୁଏ ସ୍ୱର୍ଗରେ
ତାଙ୍କୁ ଜାଗାଟିଏ ବି ମିଳିବ ।

ହଠାତ୍ ବନ୍ୟାଜଳ
ଘରଭିତରେ ଧସେଇ ପସିଲା ପରି
ବିରାଟ ଗୋଟାଏ ଜନସମୁଦ୍ର
ଧସେଇ ପସିଲା

ପ୍ରୀତିଭୋଜନର ଉପଯୁକ୍ତ ବେଳା
ସେତେବେଳକୁ
ସମସ୍ତଙ୍କ ଘଣ୍ଟାରେ
ରାତ୍ର ପାଖାପାଖି ୯ ଘଟିକା ବାଜିଥିଲା ।

ହାତ ଗଣତି କେତେଜଣ
ପୁଷ୍ପଅର୍ଘ୍ୟ ଅର୍ପଣ କଲେ
ବାପାଙ୍କ ମୃତଆତ୍ମାର ସଦ୍‌ଗତି ନିମନ୍ତେ
ଭୂମିଷ୍ଠ ପ୍ରଣାମ ବି କଲେ
କିନ୍ତୁ
ଅଧିକାଂଶ ମୁହାଁଇଲେ
ଭୋଜନକକ୍ଷ ଆଡ଼କୁ
ସେମାନଙ୍କ ମଧ୍ୟରୁ କେତେକ
ଖାଦ୍ୟଥାଳି ପାଇଁ ଠେଲାପେଲା ହେଲେ ତ
ଆଉକେତେଜଣ ଚତୁରତାର ସହିତ
ଭୋଜନର ପ୍ରକାରମାନ
ସର୍ବେକ୍ଷଣ କରିବାକୁ ଲାଗିଲେ ।

ଅନେକ ବିରିୟାନି, ପନିର ଇତ୍ୟାଦି
ଜାଗାରେ ଭଣଭଣ ହେଲେ ତ
ଆଉ କେହି କେହି
ପ୍ରବେଶ କରିବା ମାତ୍ରେ
ଚଉକି ସଂରକ୍ଷଣ କରିବାରେ ଲାଗିପଡ଼ିଲେ
ଆଉ କେତେଜଣ
ଲମ୍ବାଧାଡ଼ିରୁ ଚଉକିମାନ ଟାଣିଆଣି
ବୃତ୍ତାକାର କରିଦେଉଥିଲେ
ମୁହଁକୁ ମୁହଁ ଯୋଡ଼ି ଦେଇ
ବନ୍ଧୁମିଳନର ମଜାନେବାରେ
ହଜି ଯାଇଥିଲେ ।

ସେମାନଙ୍କ ମଧ୍ୟରୁ ପୁଣି
କାହାକାହା ହାତରେ ପ୍ରାରମ୍ଭିକ ଖାଦ୍ୟ
ବା ସୁପ୍, ଚାଉମିନ୍ କିମ୍ବା
ପକୋଡ଼ା ଇତ୍ୟାଦି ଥିଲା ତ
ଆଉ କାହାକାହା ହାତରେ
ମୁଖ୍ୟଖାଦ୍ୟ ପୂର୍ବରୁ ଶେଷଖାଦ୍ୟ
ବା କୁଲ୍‌ଫି, ରସଗୋଲା କିମ୍ବା
କ୍ଷିର୍‌ସାଗରର ପାତ୍ରମାନ
ଦେଖିବାକୁ ମିଳିଥିଲା ।

କିନ୍ତୁ
ସେମାନଙ୍କ ମଧ୍ୟରୁ କେତେଜଣ
ମୋ ଉପରେ ତୀକ୍ଷ୍ଣ ନଜର ରଖିଥିଲେ
ମୋର ଗୋଚରରେ ବାପାଙ୍କ ଉପରକୁ
ଫୁଲ କିଛି ଫିଙ୍ଗିଦେଇ
ହୃଦୟରେ ମୋର ଏକ ସ୍ୱତନ୍ତ୍ର
ଜାଗାପାଇଁ ଛକି ରହିଥିଲେ ।

ରାତ୍ର ପ୍ରାୟ ଦଶଟା ବେଳକୁ
ସେମାନେ କକ୍ଷ ତ୍ୟାଗ କଲେ
ଖାଦ୍ୟମାନ ଅତି ରୁଚିକର
ହୋଇଥିବାର ଆନନ୍ଦରେ
'ଧନ୍ୟବାଦ', 'ପୁଣି ଦେଖାହେବ', 'ଆସୁଛି'
ଇତ୍ୟାଦି ଶବ୍ଦମାନଙ୍କରେ
ମୋତେ ପୋତି ଦେଇଗଲେ ।

ବାପା କିନ୍ତୁ
ସବୁ ଜୁଲୁଜୁଲୁ ହୋଇ ଦେଖୁଥିଲେ
ସ୍ୱପ୍ନରେ ସେଦିନ ରାତ୍ରିରେ

ସେ ମୋତେ ଯାହାକିଛି
ଅବଗତ କରାଇଲେ
ଅବବୋଧ କଲି
ବାପା ବୋଧେ ମରିଯିବା ପୂର୍ବରୁ
ମୁଁ ତାଙ୍କୁ ମାରିଦେଇଥିଲି
ଡାକ୍ତରଖାନାରେ ଭର୍ତ୍ତିକରି
ତାଙ୍କ ପ୍ରୀତିଭୋଜନ ପାଇଁ
ଅଧିକ ଧନ ସଞ୍ଚୟ କରିବାରେ ଲାଗିପଡ଼ିଥିଲି ।

ସତ କହୁଛି-
ମୁଁ ଯାହାଙ୍କୁ ଯାହାଙ୍କୁ
ଦଶାହ କର୍ମ ଦିନ ଧୋତି
ଶାଢ଼ି ଇତ୍ୟାଦି ପିନ୍ଧାଇ ଥିଲି
କିମ୍ବା ଏଗାର କର୍ମରେ
ନିମନ୍ତ୍ରଣ କରିଥିଲି
ସେମାନଙ୍କ ମଧ୍ୟରୁ ଅନେକଙ୍କୁ
ମୁଁ ଅତି ନିକଟରୁ କେବେହେଲେ
ଚିହ୍ନି ନ ଥିଲି
କି ବାର୍ଦ୍ଧକାରେ ପଡ଼ିଥିବାବେଳେ
ବାପାଙ୍କୁ ସେମାନେ ଥରୁଟିଏ ବି କେବେହେଲେ
ଦେଖାକରିଥିବାର ଯାଣି ନଥିଲି ।

ସର୍ବଶେଷରେ ବାପା କହୁଥାନ୍ତି
ସେ ବୋଧେ ଆଉକିଛି ଦିନ
ନିଶ୍ଚେ ବଞ୍ଚିରହିପାରିଥାନ୍ତେ
ଯଥାର୍ଥରେ ଯଦି ମୁଁ
ତାଙ୍କ ଡାକ୍ତରମାଇନା ପାଇଁ
ପ୍ରୀତିଭୋଜନର ରାଶିତକ
ବିନିଯୋଗ କରିପାରିଥାନ୍ତି ।

■

ଖଣ୍ଟିଆ ଭୂତ

କେତେକେତେ ଥର ଆଷ୍ଟେଇଛି
ପୁଣି ଠିଆ ହୋଇଛି ବାପା
ଆଜି ଦ୍ରୌପଦୀର ବାହାଘର
ଆଉ ମାତ୍ର ଘଣ୍ଟା କେଇଟା ପରେ
ସାତଘେରା ମାରିବ ସେ
ଅଗ୍ନିକୁ ସାକ୍ଷୀ ରଖି ଗଢ଼ିବ
ତା ସ୍ୱପ୍ନର ସଂସାର ।

ଶୁଭଶଙ୍ଖ ବାଜିସାରିଲାଣି
ତୂରୀ ମହୁରୀରେ ଦୁଲୁକୁଛି ଗାଁ ଦାଣ୍ଡ
ଭୂସ୍‌କିନା ଛିଡ଼ା ହେଲା ଆସି ମଧ୍ୟସ୍ଥ
ଠିଆ କରେଇଲା ଖଣ୍ଟିଆ ଭୂତକୁ
ଧାଏଁ କିନା ଗ୍ରାସିଗଲା କଳାବାଦଲ
ବାପାର ସମଗ୍ର ପୃଥିବୀ ଗୋଟାକୁ ।

ଚାରି ତୋଳା ସୁନା ସାଙ୍ଗକୁ ଆଠପଟ ଗାଈ
ବାଟଖର୍ଚ୍ଚ ବାବଦକୁ ଷୋହଳ ହଜାର ନଗଦ
ନଇଲେ,
ନଇଲେ ଆରପଟ ଗାଁ ବାବୁଲିପରିଡ଼ା
ଛଞ୍ଚାଣ ପରି ଟାକିକି ବସିଛି
ଝାମ୍ପିନେବ ଭାବୀ ଜ୍ୱାଇଁକୁ
ତା ଝିଅ ଦେହରେ ହଳଦୀ ଲାଗିବ
ମାଉଁସ ଭାତ ବି ଖାଇବାକୁ ଦେବ
ସେ ବରଯାତ୍ରୀ ଦଳକୁ ।

କେଉଁ ଖଞ୍ଜାରେ
ଓଢ଼ଣୀ ଲାଗି ସାରିଲାଣି
ଝିଅର ପଂଙ୍ଖାହୁକରେ
ତା କାହାକୁ ଜଣାନାହିଁ
କେବଳ ମଉକା ଅପେକ୍ଷାରେ
ରାତି ଚାରିଘଡ଼ି ଆସିକି ହେଲାଣି
ବିଚରା ମଙ୍ଗୁଲା ଝିଅର
ସେତେବେଳକୁ ବୌଦ୍ଧଭିକ୍ଷୁମାନଙ୍କ ସମୟ
ଶୁଭିଲାଣି ନିର୍ବାଣ ପ୍ରାପ୍ତିର ମହାମନ୍ତ୍ର
"ବୁଦ୍ଧଂ ଶରଣଂ ଗଛାମି, ଶଘଂ ଶରଣଂ ଗଛାମି"
ସାତ କି ଆଠ ଚକ୍କର ଖାଇଲା ମୁଣ୍ଡ ବାପାର
ଭୂସ୍‌କିନା ଡେଇପଡ଼ିଲା ଆକାଶରୁ ପାତାଳକୁ
ଶୋଷିନେଲା ସବୁଯାକ ରକତ ଖଣ୍ଡିଆ ଭୂତ
ବାପା ଦେହ ଏକାବେଳକେ ଛେତା !

ଛେଚି ପକାଇଲା ମୁଣ୍ଡକୁ
ବିଦାରି ପକାଇଲା ଭୂଇଁକୁ
କାମୁଡ଼ି ପକାଇଲ ଜିଭକୁ
ଧାଇଁ ଧାଇଁ ବୁଡ଼ିଲା ଚେତା
ବିଚରା ମଙ୍ଗୁଲା ଝିଅର ।

ସିନ୍ଦୂରା ଫାଟିବାର ବେଳ
ମନ୍ଦିର ବେଢ଼ାରୁ ଭାସିଆସିଲା
ନ୍ୟାୟ ଆଉ ଅନ୍ୟାୟର ଅମୋଘ ମନ୍ତ୍ର
"ହେ ପାର୍ଥ, ତୁମେ ଜାଗ୍ରତ ନହେଲେ
ବିଚାର କରିବ କେମିତି ?
ବିଚାର କରିନପାରିଲେ କୁରୁକ୍ଷେତ୍ରକୁ
ଜୟ କରିବ କେମିତି ??
ତୁମେ ଅନ୍ୟାୟ ସଂଗେ ସନ୍ଧି କଲେ

ପାପର ଭାଗିଦାରୀ ହେବନିକି ?
ଉଠ, ଉଠ ପାର୍ଥ ଉଠ
ଧର ଅସ୍ତ୍ର କର ରଣ
ଦେଖିବ
'ପରାଜୟ' ନିଶ୍ଚୟ ପଶିବ ତୁମର ଶରଣ
ପ୍ରାପ୍ତ ହେବ ତୁମ ପାଇ
ଏକ ସ୍ୱର୍ଣ୍ଣିମ ଭୁବନ" ।

ସତରେ କ'ଣ ନାରୀ ବିନା
ପୁରୁଷ ବଞ୍ଚିପାରେ ନା
ସୃଷ୍ଟି ଆଗେଇପାରେ ?
କାହିଁକି କହିଲ ମୋ ବାପା ଦେଇଥାନ୍ତା
ଗାଈ, ସୁନା ଅବା ଗଣିଦେଇଥାନ୍ତା
ନଗଦ ଷୋହଳ ହଜାର ଟଙ୍କା
ଜ୍ୱାଇଁର ବାଟଖର୍ଚ୍ଚ ବାବତକୁ ?
ଛି, ଛି ଏ ମାଗେନ୍ତା ପରମ୍ପରାକୁ
ଛି ।

ଉଠିଲା ମୁଣ୍ଡ ଦ୍ରୌପଦୀର
ବାପାର କାଲୁଆ ଶବ ଉପରୁ
ଖୋଲିଲା ନିଜେ ସେ ପଂଖାହୁକରୁ
ତା ମୃତ୍ୟୁର ଫାଶକୁ
ଶପଥ କରିଛି ଆଜି ଦ୍ରୌପଦୀ
ରଖିଛି ସାକ୍ଷୀ ତା ବାପାର ଶବକୁ
କରିବନି କେବେହେଲେ
ସନ୍ଧି ମଧ୍ୟସ୍ଥ ସାଙ୍ଗେ କି
ନାଇବନି ସିନ୍ଦୂର
କି ପିନ୍ଧିବନି କେବେହେଲେ ମଙ୍ଗଳସୂତ୍ରକୁ
ଦମନ କରି ନସାରିଲା ପର୍ଯ୍ୟନ୍ତ

ଅଖଣ୍ଡ ସେ ଯୁଗଯୁଗର ଖଣ୍ଡିଆ ଭୂତକୁ !

ଇତି ମଧ୍ୟରେ
ଏ ଗାଁ, ସେ ଗାଁ, ଏ ସହର,
ସେ ସହରର ଦ୍ରୌପଦୀମାନେ
ନିଜେ ନିଜେ ଖୋଲିସାରିଲେଣି
ପଂଖାହୁକରୁ
ସେମାନଙ୍କ ମୃତ୍ୟୁର ଫାଶକୁ
ଆଉ ତୁମେ ?

ଶୁଭସ୍ୟ ଶୀଘ୍ରଂ

ସୁହାଇଲା ପରି ପାଗ ଶୁଖିଲା
ଭାବିଲି
ଆଜି ଟିକେ ସୁଖନିଦ୍ରା ଯାଏଁ
ଘାଟଟାକୁ
କାଲି ମୁଁ ନିଶ୍ଚେ ପାରକରିବି
କିନ୍ତୁ
ଆଜି ମୋ ପାଖେ
ସମୟ ଯଥେଷ୍ଟ ଥିଲା ।

ଗ୍ରୀଷ୍ମର ଉତ୍ତପ୍ତ ସୈକତ
ଆକାଶ ଶାନ୍ତ
ତଟିନୀ ଶୁଷ୍କ
ଚାହୁଁ ଚାହୁଁ
ଫୁଲିଉଠିଲା କ୍ଷଣକେଇଟାରେ
ତଟିନୀର ବିସ୍ତୀର୍ଣ୍ଣ ବକ୍ଷ
ଗ୍ରାସିଗଲା ସେ
ମୋ ଚିହ୍ନା ପୃଥିବୀ ଗୋଟାକୁ
ଦୂରଦିଗ୍‌ବଳୟ ପର୍ଯ୍ୟନ୍ତ
ବାପା କହୁଥିଲେ ପୁଅରେ –
"ଏ ଘର ସଂସାର ନୁହେଁ
ଘୋର ସଂସାର
ଯାହା ଭାବିକୁ ତୁ କାଲି କରିବୁ
ତାକୁ ତୁ ନିଶ୍ଚେ ଆଜି ସାରିବୁ" ।

ବସନ୍ତର ଆଗମନରେ
କୋଇଲିର କୁହୁ

ଧରିତ୍ରୀ କୁସୁମିତ
ଆକାଶ ମେଘମୁକ୍ତ
ପବନ ଶାନ୍ତ
କ୍ଷଣ କେଇଟାରେ
କାଳବୈଶାଖୀର ଘନଗର୍ଜନ
ଭାସିଗଲା ଅସଜଡ଼ା ଚାଳଛାତଟା ମୋର
ପବନର ବିଜୁଳି ସ୍ରୋତରେ
ଲୀନ ହେଲା ଯାଇଁ
କାହିଁକେଉଁ ଅଦେଖା ଆକାଶର
ଅନନ୍ତ ବକ୍ଷରେ ।

ଲିଭିଗଲା
ଲିଭିଗଲା ମୋର ଡିବିରି ଆଲୁଅ
ହଜିଗଲା ମୋର ହାଣ୍ଡିଶାଳ
ଉଜୁଡ଼ିଲା ମୋର ସୁନାର ସଂସାର
ମାଟି କାନ୍ଥର ଚାରିଚାଦର ଭିତରେ
ମୁଁ ଭାବୁଥିଲି
ଆଜି ନିଶ୍ଚେ
ଛାଉଣୀ ଦେଇଥାନ୍ତି ମୋ ଚାଳଛାତଟାକୁ
କିନ୍ତୁ
ଗତକାଲି
ମୋପାଖେ ସମୟ ଯଥେଷ୍ଟ ଥିଲା
ବାପା କହୁଥିଲେ ପୁଅରେ-
"ଏ ଘର ସଂସାର ନୁହେଁ
ଘୋର ସଂସାର
ଯାହା ଭାବିବୁତୁ କାଲିକରିବୁ
ତାକୁ ତୁ ନିଶ୍ଚେ ଆଜି ସାରିବୁ" ।

ବାପା ବି ଦିନେ କହୁଥିଲେ

ପୁଅରେ
ଗ୍ରୀଷ୍ମର ଉଦୁଉଦିଆ ଖରାବେଳେବି
ଦେହ ଦିନେ ଦିନେ ମାଠ ଖୋଜେ
ଶ୍ରାବଣ ମାସରେ ବି
ବନସ୍ତଟା କଙ୍କାଳ ପାଲଟେ
ଶୁଖାରାସ୍ତାରୁ ବି ଗୋଡ଼ଖସେ
ବାପାରେ ଜାଣିଥା -
ଆଜିର ରଙ୍ଗ ସୁନେଲୀ
ତାକୁ ମୋଟେ କହିବୁନି
ଆଜି ମୋ ପାଖୁ ତୁ ଯା
କାଲିକୁ ବାପା କେହି ଦେଖିନି
ରଙ୍ଗ ତାର କିଟିକିଟି ଅନ୍ଧାରିଆ
ବାପା କହୁଥିଲେ ପୁଅରେ-
"ଏ ଘର ସଂସାର ନୁହେଁ
ଘୋର ସଂସାର
ଯାହା ଭାବିବୁ ତୁ କାଲି କରିବୁ
ତାକୁ ତୁ ନିଶ୍ଚେ ଆଜି ସାରିବୁ" ।

ଦକ୍ଷିଣା

ଶପଥ କର
ଶପଥ କର
କେବେହେଲେ ତୁ ଲଣ୍ଡା ହେବୁନି
କି କାହାକୁ ଲଣ୍ଡା କରେଇବୁନି
ସମର୍ପିବୁନି ତିଳ ତର୍ପଣ
କି ଦେବୁନି ବ୍ରାହ୍ମଣ ଭୋଜନ
ରାନ୍ଧିବୁନି ତିକିତ
କି ବାଢ଼ିବସିବୁନି କଦାପିହେଲେ
ଏଗାର କର୍ମଦିନ ପଙ୍‌କ୍ତିଭୋଜନ
କିନ୍ତୁ
ଦେଇପାରିବୁ ଯଦି ଦେ
ମୋ ଝାପ୍‌ସା ଆଖି ପାଇଁ
ଯବକାଚ ଦିହଳ କିଣିଦେ
ମୋ ପାକୁଆ ପାଟି ପାଇଁ
ଦାନ୍ତ ଦିଭାଡ଼ି କିଣିଦେ
ମୋ ବକ୍ରକଟୀ ପାଇଁ
ବଙ୍କୁଲି ବାଡ଼ିଟେ କିଣିଦେ
ଦେଇ ପାରିବୁ ଯଦି ଦେ
ମୋ ବଧିର କାନ ପାଇଁ
ଆଜି ଶ୍ରବଣଯନ୍ତ୍ର ହଲେ କିଣିଦେ।

ହଲପ୍ ଖା
ହଲପ୍ ଖା
କେବେହେଲେ ଡରିଯିବୁନି
ହାରିଯିବୁନି କି ଫସିଯିବୁନି

ପୁଷ୍କର ଛଡ଼ାଇବା ପାଇଁ
କଦାପି ହେଲେ କିଣିବୁନି
ମାଟିହାଣ୍ଡି, ହୋମକାଠ, ଘୃତ
ନଡ଼ିଆ, ପଇଡ, କି ପଞ୍ଚମୁରୁଜ
କି ଦେବୁନି ନନାଙ୍କୁ କେବେହେଲେ
ହଳକୁ ହଳ ଖୋର୍ଦ୍ଧା ଗାମୁଛା
ସଂଗେ କୁମ୍ଭପକା ଯୋଡ଼
କି ସଂଞ୍ଚା ପାଇଁ ପରଷିବୁନି
କେଜିକୁ କେଜି
ସାରୁ, ଆଳୁ, ଡାଲି, କନ୍ଦମୂଳ ସାଙ୍ଗେ
ସେରକୁ ସେର ଅରୁଆ ଚାଉଳ
କି କେବେହେଲେ ଗଣିବସିବୁନି
ହଜାର ହଜାର ନଗଦ ଅଙ୍କ
ତାଙ୍କ ଦକ୍ଷିଣା ବାବଦ
କିନ୍ତୁ
ଦେଇପାରିବୁ ଯଦି ଦେ
ମୋ ଭାତଥାଳି ଉପରେ ଆଜି
ଗୁଆଘିଅ ଟିକେ ବୁଲେଇ ଦେ
ଶୁଖିଲା ଚମ ପାଇଁ ମୋର
ମାଖ ଟିକେ ଯୋଗାଡ଼ କରିଦେ
କାଲୁଆ ରାତି ପାଇଁ
କମ୍ବଳ ଖଣ୍ଡେ କିଣିଦେ
ଦେଇପାରିବୁ ଯଦି ଦେ
ଖରାଦିନ ପାଇଁ
ଶୀତତାପ ନିୟନ୍ତ୍ରଣ ଯନ୍ତ୍ର ଗୋଟେ
କିଣି ଦେ ।

ହଲପ୍ ଖା
ହଲପ୍ ଖା

ଗଢ଼ିବୁନି କେବେହେଲେ ବାଲୁକା ଶଯ୍ୟା
ଜାଳିବୁନି ଉପରେ ତାହାର ଘିଅ ଦୀପ
କି ଢ଼ାଙ୍କିବୁନି ଢ଼ାଙ୍କୁଣୀ ଉପରେ ତାହାର
କି ଜାଣିବାକୁ କେବେହେଲେ ଚାହିଁବୁନି
କେଉଁଯାନରେ ହେଲା ମୋର ସ୍ୱର୍ଗାରୋହଣ
କିନ୍ତୁ
ଦେଇପାରିବୁ ଯଦି ଦେ
ପିଠି ପାଇଁ ମୋର
ଆଜି ନରମ ଗଦି ଖଣ୍ଡେ କିଣିଦେ
ଡାକ୍ତରଙ୍କ ସହିତ
ଟିକିଏ ସାକ୍ଷାତ କରାଇ ଦେ
ପାଦ ପାଇଁ ମୋର
ଆଜି ଚପଲ ହଳେ କିଣିଦେ
ଦେଇପାରିବୁ ଯଦି ଦେ
ଶୟନ କକ୍ଷ ସଲଗ୍ନେ ମୋର
ଆଜି ଶୌଚାଳୟଟେ ଗଢ଼ିଦେ ।

ହଲପ୍ ଖା
ହଲପ୍ ଖା
ବାଢ଼ିବୁନି କେବେହେଲେ ବାରଦିନ
ମୁଣ୍ଡାକୁ ମୁଣ୍ଡା ରୋହି ମାଛର କାଳିଆ
କି ଭାକୁର ମୁଣ୍ଡ ମିଶା
ଚିଙ୍ଗୁଡ଼ି ଛେଞ୍ଚଡ଼ା
କି କରିବୁନି କଦାପି ହେଲେ ସଂକୀର୍ତ୍ତନ
ମୁଁ ମରିଯିବାର ଚଉଦତମ ଦିବସ ଦିନ
କିନ୍ତୁ
ଦେଇପାରିବୁ ଯଦି ଦେ
ଆଜି ମୋତେ

ବୋରିଆ ରାଇଟିକେ ପରଷିଦେ
ମାତ୍ର ଅଧପା ଗୋରସ ନାଗୁଆ କରିଦେ
ଥାଳି ଉପରେ ମୋର
ପ୍ରୋଟିନ୍‌ଗୁଣ୍ଡ ଟିକେ ଛିଞ୍ଚିବେ
ଦେଇପାରିବୁ ଯଦି ଦେ
ଭାଗବତ ଟୁଙ୍ଗୀ ଉପରେ ଆମର
ଡ଼ାକବାଜି ଯନ୍ତ୍ର ଗୋଟେ ଖଞ୍ଜିଦେ ।

ହଲପ୍ ଖା
ହଲପ୍ ଖା
ଅସ୍ଥି ବିସର୍ଜନ ପାଇଁ
କେବେହେଲେ ଯିବୁନି ତୁ ଗଙ୍ଗାକୂଳ
କି ପିଣ୍ଡ ବାଢ଼ି ଦେଇ ଭାବିବୁନି
ମୃତ୍ୟୁପରେ ଆତ୍ମା ମୋର ଅଛି
ସମ୍ପୂର୍ଣ୍ଣ ଜୀବିତ
ଖାଇ ଦେଲି ସବୁଯାକ ପିଣ୍ଡ ମୁଁ
ହୋଇ ଏକ କାକ
କି ବସାଇବୁନି ଗାଁ ମୁଣ୍ଡେ
ପଥର ମୂର୍ତ୍ତି ରୂପେ ସ୍ମାରକ ମୋହର
କିନ୍ତୁ
ଦେଇପାରିବୁ ଯଦି ଦେ
ସାଥିମାନଙ୍କ ପାଇଁ ମୋର
ଗାଁ ମୁଣ୍ଡ ବରଗଛ ତଳେ
ଆଜି ପିଣ୍ଡି ଗୋଟେ ଗଢ଼ିଦେ
ଏ ମୁଣ୍ଡରୁ ସେମୁଣ୍ଡ ଯାଏଁ
ସାଇ ରାସ୍ତାକୁ ପକ୍କା କରିଦେ
ଚାରିଧାମ ପାଇଁ
ଟିକେଟ ଗୋଟେ କିଣିଦେ

ଦେଇପାରିବୁ ଯଦି ଦେ
ମୋର ଏ ଭୋକକୁ
ଆଜି ହିଁ ତୁ ମାରିଦେ ।

ଶପଥ କର
ଶପଥ କର
କେବେହେଲେ ତୁ ଲଣ୍ଡା ହେବୁନି
କି କାହାକୁ ଲଣ୍ଡା କରାଇବୁନି
ସମର୍ପିବୁନି ତିଳତର୍ପଣ
କି ଦେବୁନି ବ୍ରାହ୍ମଣ ଭୋଜନ
ରାନ୍ଧିବୁନି ତିକିତ
କି ବାଢ଼ି ବସିବୁନି କଦାପି ହେଲେ
ଏଗାର କର୍ମ ଦିନ ପଙ୍କ୍ତିଭୋଜନ ।

ଶୁନ୍ ଫୋଟକା

ବିସ୍ଫୋରଣ
ବିସ୍ଫୋରଣ ଗୋଟାଏ ଅଦେଖା, ଅଶୁଣା
ଆଉ ଅଚିନ୍ତନୀୟ ବୋମାର
ନା ନିଆଁ..., ନା ଧୂଆଁ...
ନା ଶବଦ..., ନା ପ୍ରତିଧ୍ୱନି...
ତଥାପି ଖୁବ୍ ପାରଙ୍ଗମ
ସବୁ ଅଣୁପରମାଣୁ ଗୁଡ଼ାକ ତାର
ଶତ୍ରୁକୁ ଘେରିଯିବାରେ
ଖୋଦି ଦେବାରେ
ଆଉ ଖେଦି ଦେବାରେ

ଗ୍ରାସିଗଲେ
ଗ୍ରାସିଗଲେ ବାଛିବାଛି ସବୁ ଫିରିଙ୍ଗିମାନଙ୍କୁ
କେତେକେତେ ଜଳିଗଲେ ମନେମନେ ତ
ଆଉ କେତେକେତେ ଶ୍ୱାସରନ୍ଧ ହେଲେ
କାହାକାହାର କର୍ଣ୍ଣକୁହର ତାବ୍‌ଦା ହେଲାତ
ଆଉ କିଏ କିଏ
ହାରିଯିବାର ଗ୍ଲାନିରେ ମାଟିରେ ମିଶିଲେ
ଯେଉଁମାନେ ବଞ୍ଚିରହିଲେ
ଧାଇଁଲେ
ଅଣନିଶ୍ୱାସୀ ହୋଇ ପଛକୁ ପଛକୁ
ସେମାନଙ୍କ ନିଜସ୍ୱ ଭୂଇଁକୁ ।

ଆଉ
ସବୁ କମାଣଗୁଡ଼ାକ ତାଙ୍କର

ଶବପାଲଟିଗଲେ
କେତେଗୁଡ଼ାଏ ଗୋଡ଼ଭାଙ୍ଗି
ଯୁଦ୍ଧଭୂମିରେ ଠିଆହୋଇ ରହିଲେ ତ
ଆଉ କେତେକଙ୍କ କଙ୍କାଳ ଟଣାହେଲା
ଧାଡ଼ିବାନ୍ଧି ଠିଆହୋଇ ରହିଲେ ସେମାନେ
ନମୁନା ସାଜିବା ପାଇଁ
ସଂଗ୍ରହାଳୟର ସୀମା ସରହଦ ମଧ୍ୟରେ ।

ବାଜିଲା ଢୋଲ-ମୃଦଙ୍ଗ, ତୂରୀମହୁରୀ
ପଡ଼ିଲା ହୁଳହୁଳୀ, ଶୁଭିଲା ଶଙ୍ଖନାଦ
ଉଡ଼ିଲା ତ୍ରିରଙ୍ଗା
ପିଲାଏ ଗାଇଲେ
ଜନଗଣମନ ଅଧିନାୟକ
ଦେଶ ଏବେ ଆମର ସ୍ୱାଧୀନ
ତୋପର ନା ଗାନ୍ଧୀ
ସୈନ୍ୟଙ୍କ ନାଁ ଗାନ୍ଧୀବାଦୀ
ଆଉ
ବୋମାର ନାଁ ଅହିଂସାମାର୍ଗ ।

ମୁଣ୍ଡ ଟେକିଲେ ପ୍ରଶ୍ନ ପରେ ପ୍ରଶ୍ନ, ଅନେକ ପ୍ରଶ୍ନ
ପୃଥିବୀର କୋଣ ଅନୁକୋଣରେ
ସତରେ କ'ଣ ଏମିତି ବି ବୋମା ଅଛି
ସେ ପୁଣି ବିନା ବାରୁଦ ବାଲା
ନା ତାକୁ ଦେଖିହୁଏ
ନା ଛୁଇଁ ହୁଏ
ସେ ପୁଣି ଘଟାଇପାରେ ବିସ୍ଫୋରଣ
ସବୁ ସାଙ୍କୁଚମାନେ ଛତ୍ରଭଙ୍ଗ ଦିଅନ୍ତି
ଫେରନ୍ତି ନିରୁପାୟ ହୋଇ
ସେମାନଙ୍କ ନିଜସ୍ୱ ଇଲାକାକୁ !

ଧାଇଁଲେ ସବୁ ପ୍ରଶ୍ନବାଚୀ ମୁଣ୍ଡଗୁଡ଼ାକ
ଭାରତ ଆଡ଼କୁ
ଲକ୍ଷ -
ଗାନ୍ଧୀକୁ ଦେଖିବେ
ଗାନ୍ଧୀବାଦୀ ବି ହେବେ
କାମରେ ଲଗାଇବେ
ବିନା ନିଆଁ, ବିନା ଧୂଆଁ
ବିନା ଶବଦ ଅବା
ବିନା ପ୍ରତିଧ୍ୱନିବାଲା ବୋମାକୁ
ଶତ୍ରୁକୁ ଜାଳି ଦେବାର
କଳା-କୌଶଳକୁ
ଆଉ ବିସ୍ତାରି ଦେବାପାଇଁ
ଅହିଂସାମାର୍ଗର ବିସ୍ଫୋରଣକୁ
ସ୍ୱାଧୀନ ବି ହେବେ ଠିକ୍ ଆମ ପରି
ଫିରିଙ୍ଗି ମାନଙ୍କଠୁ ।

ଦେଶ ସିନା ଆମ ସ୍ୱାଧୀନ ହେଲା
ଶିଖିଲେ ସିନା ସେମାନେ
ଜିତିବାର କଳାକୌଶଳ ଆମଠୁ
ନା ତୁମେ
ନା ମୁଁ
କେହିହେଲେ ଜଣେ ବି
ଜାଣି ପାରିଲେ ଗାନ୍ଧୀଙ୍କୁ
ନା ବୁଝିପାରିଲେ ଗାନ୍ଧୀବାଦୀକୁ
ନା ଶିଖିପାରିଲେ ଅହିଂସାମାର୍ଗକୁ
ନା ଆମ ତ୍ରିରଙ୍ଗା ପତାକାର
ମଉନ ଭାଷାକୁ ?

କୋଭିଡ଼-୧୯

ଅନ୍ଧାକାର ଆସିଅଛି
ମାନେ ଆଲୁଅ ତ ତା'ର ପଛେ
ନିଶ୍ଚେ ଲୁକିକରି ରହିଅଛି
ଏହା ପରା ଅନିବାର୍ଯ୍ୟ ସତ୍ୟ ଅଟେ
ସମୟର ଗତି ସାଥେ
କାଳ ଆସେ ଧୀରେ ମାତି
ସେଥିପାଇଁ ଆଜି ବୋଧେ
ଆମ ପାଖୁ କରୋନା ଯେ ଆସିଅଛି ।

ଥିଲା କ'ଣ ସେବେ କେବେ
ଉପାୟ ଯେ କାହା ପାଖେ
ସେହି ହେତୁ ଯାଇଥିଲେ ଶବ ହୋଇ
ଶସ୍ତ୍ର ପରେ ଲକ୍ଷ କେତେ
ନ-ଅଙ୍କ ଦୁର୍ଭିକ୍ଷର
ଘଡ଼ିସନ୍ଧି ସମୟ ସେ ।

ପୁଣି ତ ଆମେ ଆସିଲେଣି
କାହିଁ କେତେ ବାଟ ଚାଲି
ଧୈର୍ଯ୍ୟ ଧରି ଆସ ଆମେ
କାର୍ଯ୍ୟ କରି ଚାଲୁଥିବା
ନିଜ ନିଜ ମଧ୍ୟେ ଆମେ
ଦୂରତା ଯେ ରଖୁଥିବା ।

କାଳ ସେଠି ଗୃଧ୍ର ସାଜି
ଅପେକ୍ଷାରେ ଥିଲା ବସି

ଦେଖିନ କି ତୁମେ କେହି
ଆଫ୍ରିକାରେ
କିପରି ସେ ଶାଗୁଣାଟା
ଭୋକିଲା ସେ ପିଲାଟାକୁ
ଜୀଅନ୍ତାରେ ଖୁମ୍ପି ଖାଇ
ପେଟ ତାର ଭରିବାକୁ
ଟାକି ରହି ଥିଲା ବସି ।

ସମୟର ଗତି ସାଥେ
ସେପରି ତ ଅଘଟଣ
ଏବେ କେବେ ଘଟି ନାହିଁ
କାଲ ଯଦି ଆସି ଅଛି
କୋଭିଡର ନାମ ନେଇ
କାହିଁକି ବା ହାରିଯିବା
ମୁଖା ଆମେ ନ ପିନ୍ଧିବା
ଅବା ଆମେ ବାରମ୍ବାର
ହାତ, ଗୋଡ଼, ମୁହଁ ଆଦି
ଧୋଇ ଧାଇ ସୁରକ୍ଷିତ ନ ରହିବା ?
କୁହଟିକେ ତୁମେ ମୋତେ
ଅମୂଲ୍ୟ ଏ ଜୀବନଟା
ଅକାରଣେ କାହିଁକି ଯେ ହାରିଦେବା ?

■

ଟିପ୍ପଣୀ : ଲେଖା ମାର୍ଚ୍ଚ ୨୦୨୦

କୋଭିଡ୍ ବେଡ୍ ନଂ -୪୯

କିଛି କଥା ଅଛି ଜଣାଇବା ପାଇଁ
ମୋ ପିଲାମାନଙ୍କ ଆଗରେ
କିଛି କଥା ଅଛି ଜଣାଇବା ପାଇଁ
ମୋ ପତ୍ନୀଙ୍କ ପାଖରେ
ଆଉ କିଛି କଥା ବି ଅଛି ଜଣାଇବା ପାଇଁ
ମୋ ବାପା-ବୋଉ, ଭାଇ-ବନ୍ଧୁ
ଆଉ ପରିଜନଙ୍କ ଆଗରେ।

ମୃତ୍ୟୁ ଯଦି ମୋର ଅବସମ୍ଭ୍ୟାବି
ଆଉ ମାତ୍ର ଅଣଚାଷ ପବନ ପରେ
କଦାପି ମାରିଦିଅନି ମୋତେ
ଖୁସିରେ ମରିବାକୁ ଦିଅ
ନତ ମସ୍ତକ ଆଜି ମୁଁ ତୁମ ଆଗେ
ଶେଷ ସଂମ୍ବାଦ ପ୍ରେରଣ ପାଇଁ
ମୋତେ ଟିକେ
ଶେଷ ସୁଯୋଗ ଦିଅ
ମାତ୍ର କେଇକ୍ଷଣ ପାଇଁ
ହାତରେ ମୋର
ମୋ ମୋବାଇଲକୁ ଧରାଇ ଦିଅ।

ମୃତ୍ୟୁ ବୋଧେ ଆଜି
ବନିସିଆଲ ସାଜିଛି
ଥୋପ ପକେଇ ଜଗିକି ବସିଛି
ଏ.ଟି.ଏମ୍ ସୁଇଚ୍ ଉପରେ
କବାଟ ଫାଙ୍କର କିଳିଣି ଦେହରେ

ଉପସ୍ଥାନ ଖାତାରେ
ଫାଇଲ୍ ପୃଷ୍ଠାରେ
ସମାଜ ଦେହରେ
ମୁକ୍ତ ବଜାରର
ଡାଲି, ଚାଉଳ, ଚିନି ଭିତରେ
କାଗଜ ନୋଟର୍ ଚଟାଣ ଉପରେ
ପନିପରିବା ଦେହରେ
ଆଜି ବୋଧେ ସର୍ବବ୍ୟାପି ସେ
ପବନ ରୂପରେ

ଲୁଚକାଳି ଖେଳିବା
କ'ଣ ସତରେ ସମ୍ଭବ
ତା ପୁଣି ଧୂଳିଧ୍ୱଜ ସାଥିରେ !

ଅତଏବ
ନିବୁଜ, କକ୍ଷ ଭିତରେ ନିଜକୁ
ଇଚ୍ଛାବନ୍ଦୀ କରିବାକୁ ହିଁ ହେବ
ତୁଣ୍ଡିକୁ ପିଣ୍ଡ ପାଇଁ
ସଜାଗ - ପ୍ରହରୀ ବନେଇବାକୁ ହିଁ ପଡ଼ିବ
ତୁଣ୍ଡ, ମୁଣ୍ଡ, ଗଭଣ୍ଡିକୁ
ବରାବର ବିଶୋଧନ କରିବାକୁ ହେବ
ମଣିଷକୁ ମଣିଷଠୁ ଅବଶ୍ୟ
ଯଥେଷ୍ଟ ଦୂରରେ ରହିବାକୁ ପଡ଼ିବ ।

ମୁଁ ମାଗୁନି
ତୁମକୁ କେବେହେଲେ ନିର୍ମାଲ୍ୟ
କି କହୁନି
କଷ୍ଟ ମୋର କରିଦିଅ ଟିକିଏ ଲାଘବ
ଶୁଣାଇ ଦେଇ କାନ ପାଖେ ମୋର

ଗୀତା କିମ୍ବା ଭାଗବତ
କିନ୍ତୁ ଭାବୁଥିଲି ଏବେ
ଧରେଇ ଦେଇଥାନ୍ତି ସମସ୍ତ ହିସାବ
ପିଲାମାନଙ୍କୁ ମୋହର
ସଞ୍ଚିତ ଧନ ରାଶିର
ଭାବୁଥିଲି ଏବେ
କହିଦେବି ବୋଲି ପତ୍ନୀଙ୍କୁ ମୋହର
ଜୀବନବୀମା ଗୁଡ଼ିକର
ଆକାର, ପ୍ରକାର ଆଉ
ସେମାନଙ୍କ ଅବସ୍ଥିତିର
ଆଉ ଭାବୁଥିଲି ବି ଏବେ
କହିଦେବି ବୋଲି
ବନ୍ଧକ ପଡ଼ିଥିବା ଦସ୍ତାବିଜମାନଙ୍କର
ଆଉ
ଅବଶିଷ୍ଟ
ଋଣମାନଙ୍କ ବପୁର ଆକାର

ସବୁ ମୃତ୍ୟୁ ବୋଧେ
କଦାପି ସମାନ ନୁହେଁ
କୋଭିଡ଼ ଗ୍ରାସିଗଲେ
କେବଳ ଅନୁଭବ ହିଁ
ସେ କଷ୍ଟର ମାତ୍ରା
କହିପାରିଥାଏ
ଏବେ ବୋଧେ ମୁଁ ସେଠାରେ
ନିଶ୍ଚୟ ଉପନୀତ
ପତ୍ନୀଙ୍କୁ ଜଣାଇବା
ମୋର ବର୍ତ୍ତମାନ ନିତାନ୍ତ ଆବଶ୍ୟକ
ଜଣେ ବନ୍ଧୁଙ୍କର ଅଛି
ମୋ ଠାରୁ କିଛି ଅର୍ଥ ପ୍ରାପ୍ୟ

ବପୁ ଯଦି ହୋଇଯାଏ ନିଶ୍ଚଳ ମୋହର
ସେତେକ କିନ୍ତୁ ସିଏ ତାଙ୍କୁ
ଅବଶ୍ୟ ଭରଣା କରିବ ।

ମୃତ୍ୟୁ ଯଦି ଅବଶ୍ୟମ୍ଭାବୀ
ଆଉ ମାତ୍ର ଅଣଚାଶ ପବନ ପରେ
କଦାପି ମାରିଦିଅନି ମୋତେ
ଖୁସିରେ ମରିବାକୁ ଦିଅ
ନତମସ୍ତକ
ଆଜି ମୁଁ ତୁମ ଆଗେ
ଶେଷ ସଂମ୍ବାଦ ପ୍ରେରଣ ପାଇଁ
ମୋତେ ଟିକେ
ସୁଯୋଗ ଦିଅ
ହାତରେ ମୋର
ମାତ୍ର କେଇକ୍ଷଣ ପାଇଁ
ମୋ ମୋବାଇଲକୁ ଧରାଇଦିଅ ।

■

ଅବଗଣନା, ଚଡ଼କ, ମଡ଼କ ଓ କୋଭିଡ଼ ଶବସତ୍କାର

ଦୂରେଇ ରୁହ
ଖୁବ୍ ଦୂରେଇ ରୁହ
ଏବେ ଆଉ ମଶାଣିରେ
ଜାଗା ମୋଟେ ନାହିଁ
ମୁର୍ଦ୍ଦାରମାନଙ୍କୁ
ପୋକମାଛି ମାନେ ବେଢ଼ି ବସିଲେଣି
ଶବବାହକମାନେ ମୃତ ଦେହକୁ
ରାସ୍ତାରେ ଫିଙ୍ଗି ଦେଇ
ଶୁଦ୍ଧି ହେବାକୁ ଲାଗିଲେଣି
ଏବେ ବୋଧେ ନିଶ୍ଚେ
ମୃତ୍ୟୁ ଅମଳର ବେଳ
ସ୍ତବ୍ଧ ମାନବ ସମାଜ ଆଜି
ବାଷ୍ପିଭୂତ ତାର
ବାକ୍‌ଶକ୍ତି, ଲୁହ ଆଉ କୋହ ।

ଦୂରେଇ ରୁହ
ଖୁବ୍ ଦୂରେଇ ରୁହ
ସବୁ
ସ୍କୁଲ, କଲେଜ, ଅଫିସ୍
ଗୁରୁଦ୍ୱାର, ମନ୍ଦିର, ମସ୍‌ଜିଦ୍
ମେଳା, ମଉଛବ, ମଲ୍, ହଲ୍
ସଟ୍‌ଡାଉନ,
ରାଜରାସ୍ତା ଖାଁ ଖାଁ

ସହର ଗୋଟାକଯାକ ନିର୍ଜନ
କେବଳ ମଶାଣିରେ
ଶବମାନଙ୍କ କୋଳାହଳ
ତୁମେ ଯଦି
ଖାଦ୍ୟ ବନିଯିବ ଖାଦକର
ମଶାଣି ରକ୍ଷକ ବୋଧେ
ନିଶ୍ଚେ କହିବ
ଯାଅ
ଫେରିଯାଅ
ମୋ ପାଖେ ଏବେ ଆଉ
ଗୋଟିଏ ହେଲେବି ଜେସିବି ନାହିଁ
କବର ଖୋଳିବା ପାଇଁ
କି ଶବ-କାଠ ନାହିଁ
ତୁମ ମୁର୍ଦ୍ଦାରକୁ ପୋଡ଼ି ଦେବା ପାଇଁ
ତୁମେ ଯଦି ଅଡ଼ିବସିବ
ମାଟି ଉପରେ ନ ହେଲା ନାହିଁ
ପବନ ଭିତରେ ହେଲେ ବି
ଶବଟିକୁ ଟିକେ ପୋତିଦିଅ
ଜାଣିରଖ-
ସବୁ ପ୍ରକାର ଇନ୍ଧନର ଏବେ ଘୋର ଅଭାବ
ଅଗ୍ନି ସଂଯୋଗ ପାଇଁ
ମୋ ପାଖେ ବର୍ତ୍ତମାନ
କିରୋସିନି ବି ଟିକିଏ ହେଲେ ବି ନାହିଁ ।

ଦୂରେଇ ରୁହ
ଖୁବ୍ ଦୂରେଇ ରୁହ
ହସ୍‌ପିଟାଲରେ ଏବେ
ବେଡ୍ ନାହିଁ
ଅକ୍ସିଜେନ୍ ନାହିଁ, ଆଇ.ସି.ୟୁ. ନାହିଁ

କଫିନ୍ ନାହିଁ
ମଡ଼ାଗୃହ ଫାଙ୍କା ନାହିଁ, ଆମ୍ବୁଲାନ୍ସ ନାହିଁ
ଦୋକାନରେ ପୀତାମ୍ବରୀ ନାହିଁ କି
ମୋ ପାଖରେ
ଶବ ସତ୍କାର କରିବା ପାଇଁ
କିଛି ବି ସାଧନ ନାହିଁ କି
ରାଇକୁ ଶୀତଳେଇବା ପାଇଁ
ଅସ୍ଥି ଫରୁଆ
ଗୋଟିଏ ହେଲେ ବି ବଞ୍ଚି ନାହିଁ
କି ତୁମ କାନ୍ଧରୁ
ଶବ ଉତ୍ତାରିବା ପାଇଁ
ଶ୍ମଶାନରେ ମୋର
ଶୂନ୍ୟସ୍ଥାନ
ଟିକିଏ ହେଲେ ବି ନାହିଁ ।

ଦୂରେଇ ରୁହ
ଖୁବ୍ ଦୂରେଇ ରୁହ
ଗୋଟିଏ ଆମ୍ବୁଲାନ୍ସରେ ଏବେ ଗଣ୍ଡାଗଣ୍ଡା
ଶବ ଖୁନ୍ଦା ହେଲେଣି
ବିଦ୍ୟୁତ୍ ଚୁଲା ବି ତା
ଦକ୍ଷତା ହାରିସାରିଲାଣି
ନୂଆ ନୂଆ ଶ୍ମଶାନ ମାନ
ତିଆରି ହେବାରେ ଲାଗିଲାଣି
ଅପେକ୍ଷାରତ ଶବମାନଙ୍କୁ ଏବେ
ଡାଆଁଶ – ଗଣଗଣା ମାନେ
ଖାଇ ବସିଲେଣି
ଶ୍ମଶାନ ଭିତରେ
କବର, ସମାଧି କିମ୍ବା

ମଡ଼ା ଦେଉଳ ଗଢ଼ିବା
ପ୍ରଶ୍ନ ଉଠୁଛି ବା କାହିଁ ?
ଏବେ ପରା ଗଙ୍ଗା - ଯମୁନା ସ୍ରୋତରେ
ଗଳିତ ଆଉ ଅର୍ଦ୍ଧଦଗ୍ଧ
କୋଭିଡ଼ ଶବମାନେ
ଭାସିବାକୁ ଲାଗିଲେଣି ।

ଦୂରେଇ ରୁହ
ଖୁବ୍ ଦୂରେଇ ରୁହ
ସମୟଟା ଏବେ ମହାମାରୀରେ
ଖୁବ ପ୍ରପୀଡ଼ିତ
ଆକାଶରୁ ଏବେ ମଡ଼ାଖାଇମାନେ
ଭୂଇଁରେ ପଡ଼ିଲେଣି
କାଉ, ବିଲୁଆ, କୁକୁରମାନେ
ମଣିଷ ମାଂସ ଖାଇବାର ଦିଶିଲାଣି
ଦୂରରେ ରୁହ
ଖୁବ୍ ଦୂରରେ ରୁହ
ଏବେ ବୋଧେ ନିଶ୍ଚେ
ମୃତ୍ୟୁ ଅମଳର ବେଳ
ଘଣ୍ଟା ଭିତରୁ ଏବେ
ଅବଗଣନାର ସତର୍କ ଘଣ୍ଟି
ତୃତୀୟ ଲହର ପାଇଁ ବି
ବାଜିବାକୁ ଲାଗିଲାଣି !

(ଟିପ୍ପଣୀ : ଲେଖା ମେ ୨୦୨୧)

ସମୟ

ହେ ଜୀବନ
ମୁଁ ଆଉ କଦାପି ହେଲେ
ଫେରିପାରିବିନି
ବଞ୍ଚିବାର ଅଛିତ
ଏଇ ମୂହୁର୍ତ୍ତକ ପାଇଁ
ତୁ ବଞ୍ଚିଯା ।

ନା,
ଅସହାୟ ମୁଁ
ନିଜେ ନିଜକୁ
ଅଟକାଇ ବି ପାରିବିନି
ଆଉ ଅନୁରୋଧ କରନା
ମୁଁ ନିଜେ ବି ଜାଣେନା
ମୋର ଭବିଷ୍ୟତ କ'ଣ !
ହେ ଜୀବନ ... !

ଦେଖ୍,
ଆସନ୍ତା ମୂହୁର୍ତ୍ତରେ
ତୋତେ ମୁଁ ହସାଇବି,
କନ୍ଦାଇବି
ନା କନ୍ଦାଇବା ପୂର୍ବରୁ
ତୋତେ ମୁଁ କାଳକୁ ଭେଟାଇବି
ତା ବି ମୁଁ ଜାଣେନି
କେମିତି ବା ସହିପାରିବି
ତୋ ମା'ର

ବୁକୁଫଟା କୋହକୁ
ତୋ ଜୀବନସାଥୀର
ସିନ୍ଦୂର ଲିଭା ପର୍ବକୁ
କି'ବା ଉତ୍ତର ଦେବି
ତୋ ପାଇଁ ଅପେକ୍ଷାରତ
ତୋ ବୁଢା ବାପାଙ୍କୁ
ହେ ଜୀବନ ...!

କାଲିକୁ କାହିଁକି ତୋର
ଏତେ ଆଶା ?
ଟିକେ ତୁ ପଛକୁ ଅନା
କି' ସୁଖ ପାଇଲା ଅନ୍ଧ ରାଜା
କ'ଣ ବା ହେଲା ଭବିଷ୍ୟତ
ବିଚାରା ମନ୍ଥରା ମା'ଆର ?
ସଦ୍ଦାମ କ'ଣ ସତରେ
ବଙ୍କର ଭିତରେ ବଂଚିରହିପାରିଲା ନା
ମୁଁ କ'ଣ ସତରେ
ଦେଖିପାରୁଥିଲି ସେଦିନ
କ୍ଷୁଧାର୍ତ୍ତ ଗୃଧ୍ରଟା
କେମିତି ଜୀଅନ୍ତା ସେ
ଆଫ୍ରିକୀୟ ଶିଶୁଟିକୁ
ଖୁମ୍ପି ଖୁମ୍ପି ଖାଇ ଚାଲିଥିଲା ।
ହେ ଜୀବନ ...।

ନିରାକାର
ନିର୍ବିକାର ମୁଁ
ଚିରନ୍ତନ ମୋ ବୟସ
ତୁ କେବଳ ସମୁଦ୍ର ଲହଡ଼ିଟାଏ
କେଇ ମୂହୁର୍ତ୍ତକ ପାଇଁ

ସାଥି ମୋର
ହେ ଜୀବନ
ମୁଁ ଆଉ କଦାପି ହେଲେ
ଫେରି ପାରିବିନି
ବଞ୍ଚିଚିବାର ଅମୃତ
ଏଇ ମୂହୁର୍ତ୍ତକ ପାଇଁ
ତୁ ବଞ୍ଚିଯା ।

■

ଚାଲ - ବାପାଙ୍କ ଆଡ଼େ
ଟିକେ ବୁଲି ଆସିବା

ବାପା,
ବାପା ବୋଇଲେ
କେବଳ ହିମାଳୟ ସେ
ବିଶ୍ୱାସର ଗୋଟାଏ କଷଟି ପଥର
ସେ ଆମ
ସିଲଟ, ଖଡ଼ି, ମୁଠିଚାଉଳ
ଖାତା, ପେନ୍‌ସିଲ, କଲମ, ଦୁଆତ
ପଖିଆ, ଛତା, ରେନ୍‌କୋଟ୍
ଚପଲ, ସ୍ୟାଣ୍ଡାଲ୍, ସୁଟ୍‌ବୁଟ୍
ସୂର୍ଯ୍ୟଘଡ଼ି, ରିଷ୍ଟୱାଚ୍, ଟେବୁଲ୍ ଘଣ୍ଟା
ଆମ ସାଇକେଲ, ବାଇକ, ଚାରିଚକିଆ ଯାନ
ମୁଣ୍ଡ ଉପର ଛାତ ଆମର ସେ
ପାଦ ତଳର ମସୃଣ ଚଟାଣ
ସେ ଆମ ଡିଗ୍ରୀମାନଙ୍କର ମାନପତ୍ର
ଆମ ନୂଆ ଘରର କାନ୍ଥବାଡ଼
ଆଉ
ଆମ ଫାର୍ମ ହାଉସ୍‌ମାନଙ୍କର
ମୂଳ କାଗଜ ପତ୍ର ।

କିନ୍ତୁ,
ମୋ ବାପା ଏବେ
ଗାଁ ମଶାଣି ପଠାର କଣ୍ଟାବୁଦା ମୂଳେ ନା
ଶାଇ ବରଗଛ ତଳ ନିଶାପ କାର୍ଯ୍ୟରେ

ଆଞ୍ଚଳିକ ଉନ୍ନୟନ ସଭାରେ ନା
ମନ୍ଦିର ବେଢ଼ାର ତୋରଣ କାର୍ଯ୍ୟରେ
ବିଲମୁଣ୍ଡ ଚଉକି ଉପରେ ନା
ରୋଗୀମାନଙ୍କ ସେବା କାର୍ଯ୍ୟରେ
ତା ମୁଁ ଜାଣିନି
କିନ୍ତୁ
ବେଳେବେଳେ ସେ ଆସନ୍ତି
ଅବଶ୍ୟ ଆସନ୍ତି,
ଫାଟକ ଖୋଲିଯିବାର
ଗୋଟାଏ ନିଆରା ଶବ୍ଦହୁଏ
କେବଳ ତାଙ୍କରି ଆଗମନର
ଏକ ସ୍ୱତନ୍ତ୍ର ଧ୍ୱନି ସିଏ।

ଧାପୁଡ଼ିଯାଏ ମୁଁ ଫାଟକ ଆଡ଼କୁ
ତାଙ୍କୁ ପାଛୋଟି ଆଣିବାକୁ
କବାଟ ଖୋଲେ
କିନ୍ତୁ
କେବଳ ଶୂନ୍ୟତାକୁ ଦେଖି
ନିରାଶ ହୁଏ
ଆଲମିରା ଖୋଲେ
ପୁରୁଣା ତାଙ୍କର ହଳେ
ପ୍ୟାଣ୍ଟ ସାର୍ଟ କାଢ଼ି ଆଣି
ଝୁଲନ୍ତା ଗୋଟାଏ ଫଟୋରେ ତାଙ୍କର
ଖଞ୍ଜି ଖାଞ୍ଜି ଦିଏ
ସଂଗେ ସଂଗେ ହସି ଉଠନ୍ତେ ସେ
ମୁଁ ମୋ ପିଲା ଦିନକୁ ଫେରିଯାଏ।

ଚିଇତି ହୋଇ ଶୋଇପଡନ୍ତି ସେ
ମୁଁ ପେଟରେ ତାଙ୍କର ଚଢ଼ିଯାଏ

ସେ ଘୋଡ଼ା ହୋଇଯାଆନ୍ତି
ମୁଁ ପିଠିରେ ତାଙ୍କର ସବାର ହୁଏ
ସେ ଆଙ୍ଗୁଠି ଧରାନ୍ତି ମୋତେ
ମୁଁ ବାଟ ଚାଲି ଶିଖେ
ସେ କାନ୍ଧରେ ବସାନ୍ତି ମୋତେ
ମୁଁ ଆକାଶ ଛୁଏଁ
ସେ ଗଣ୍ଡପଟେ ଜଗିରହନ୍ତି ମୋତେ
ମୁଁ ପହଁରା ଶିଖେ
ସେ କଡ଼େକଡ଼େ ଦଉଡୁଥାନ୍ତି ମୋର
ମୁଁ ସାଇକେଲ ଶିଖେ
ସେ ବାଟେଇ ଦିଅନ୍ତି ମୋତେ
ମୁଁ ସ୍କୁଲରେ ପହଁଞ୍ଚେ
ସେ ତାଙ୍କ ଥାଳିଆ ଭିତରୁ
ଖଣ୍ଡ ଖଣ୍ଡ କରି
ସବୁଯାକ କଲିଜା ଖଣ୍ଡମାନ
ବଢ଼ାଇ ଦିଅନ୍ତି ମୋତେ
ମୁଁ ସମସ୍ତ ଅମୃତ ଯାକ ଏକା ଏକା ଖାଇଯାଏ
ସେ ତୀକ୍ଷ୍ଣ ନଜର ରଖିଥାନ୍ତି ଉପରେ ମୋର
ମୁଁ ଚାକିରି ପାଏ ।

ସେ ଗାଁରେ ରୁହନ୍ତି
ମୁଁ ବିଦେଶ ଯାଏ
ସେ କତରା ଧରନ୍ତି
ମୁଁ ଚିଡ଼ିଚଡି ହୁଏ
ସେ ପାଖରେ ମୋର
ମରିବାକୁ ଅଳି କରନ୍ତି
ମୁଁ ତାଙ୍କୁ
ବୃଦ୍ଧ ଆଶ୍ରମକୁ ଭିଡ଼ିଭିଡ଼ି ନିଏ
ସେ କେବଳ

ଜୁଳୁଜୁଳୁ କରି ଅନାଇ ରୁହନ୍ତି ମୋତେ
ମୁଁ ତାଙ୍କୁ ପଛ କରି ଫେରିଆସେ
ସେ ଚିଠି ଲେଖନ୍ତି ମୋତେ
ମୁଁ ବିଦେଶ ଯିବାର ବାହାନା କରେ
ସେ ଅଜଣା ଗୋଟାଏ ମଶାଣିକୁ ଚାଲିଯାଆନ୍ତି
ମୁଁ ମୋ ଗାଁକୁ ଫେରେ
ସେ ପିଣ୍ଡ ବାଢ଼ିବା ପାଇଁ
କହିନାହାଁନ୍ତି ମୋତେ କେବେ ହେଲେ
ମୁଁ କିନ୍ତୁ ତ୍ରିବେଣୀ ଘାଟ ଯାଏ।

ହଠାତ୍
ଫଟୋ ଦେହରୁ ଭୁସ୍‌କିନା
ପ୍ୟାଣ୍ଟ-ସାର୍ଟ ହଳକଯାକ ଖସିପଡ଼େ
ସେଣେ ଫାଟକ ଖୋଲିଯିବାର
ସେଇ ସ୍ୱତନ୍ତ୍ର ଶବ୍ଦ ହୁଏ
ମୁଁ କ୍ଷମା ମାଗେ
ସେ ଆଶୀର୍ବାଦରେ ପୋତିପକାନ୍ତି ମୋତେ
ମୁଁ ଭୋ ଭୋ କରି କାନ୍ଦି ଉଠେ
ସେ ଧୈର୍ଯ୍ୟ ଧରାନ୍ତି ମୋତେ
ଆଚମ୍ବିତ ମୁଁ
ସ୍ତମ୍ଭୀଭୂତ ହୁଏ।

ବାପା,
ବାପା ବୋଇଲେ
କେବଳ ହିମାଳୟ ସେ
ବିଶ୍ୱାସର ଗୋଟାଏ କଷଟି ପଥର
ସେ ଆମ
ସିଲଟ, ଖଡ଼ି, ମୁଠିଚାଉଳ
ଖାତା, ପେନ୍‌ସିଲ, କଲମ, ଦୁଆତ

ପଖିଆ, ଛତା, ରେନ୍‌କୋଟ୍‌
ଚପଲ, ସ୍ୟାନ୍‌ଷ୍ଟାଲ, ସୁଟ୍‌ବୁଟ୍‌
ସୂର୍ଯ୍ୟଘଡ଼ି, ଟେବୁଲ୍‌ ଘଣ୍ଟା, ରିଷ୍ଟୱାଚ୍‌
ଆମ ସାଇକେଲ, ବାଇକ, ଚାରିଚକିଆ ଯାନ
ମୁଣ୍ଡ ଉପର ଛାତ ଆମର ସେ
ପାଦ ତଳର ମସୃଣ ଚଟାଣ
ସେ ଆମ ଡିଗ୍ରୀମାନଙ୍କର ମାନପତ୍ର
ଆମ ନୂଆ ଘରର କାନ୍ଥବାଡ଼
ଆଉ
ଆମ ଫାର୍ମ ହାଉସ୍‌ମାନଙ୍କର
ମୂଳ କାଗଜ ପତ୍ର ।

ସିଂହାସନ

ସେଦିନ ସମସ୍ତେ କହୁଥିଲେ
'ତୁମେ'
କେବେହେଲେ 'ତୁମେ' ନୁହଁ ବୋଲି
ସେମାନେ କୁଆଡ଼େ ତୁମର
ପ୍ରତିଟି 'ହସ-କାନ୍ଦ' ମାନଙ୍କୁ
ଅନେକ ଅନେକ ଠିକଣାରେ ପାଉଥିଲେ
ବର୍ଷିଗଲି ପ୍ରାଣପଣେ ମୁଁ ସେମାନଙ୍କୁ
ତୁମେ ମୋର ଜଣେ
ଅତ୍ୟନ୍ତ ପ୍ରିୟଜନ ବୋଲି ।

ବର୍ଷି ନଥାନ୍ତି ବା କେମିତି କହିଲ ?
ମୁଁ ତ ତୁମର
ଅତି ଆପଣାର ବୋଲି
କାହିଁ କେତେକାଳୁ ମୋତେ ତୁମେ
ବିଶ୍ୱାସ ଦେଇଥିଲ
ଅଜାଡ଼ି ଦେଉଥିଲ ଆତ୍ମୀୟତା
ନିଜର ପଣିଆ
ବାଢ଼ି ଦେଉଥିଲ ବି ବେଳେବେଳେ
ଶୂନ୍ୟ ମୋର ପେଟ ପାଇଁ
ତୁମ ପୁରନ୍ତା ଥାଳିଆ ।

କହୁଥିଲ -
ତୁମେ ରାଜା ହେଲେ
ମନ୍ତ୍ରୀ ମୋତେ ନିଶ୍ଚେ କରାଇବ
ମନେ ମନେ ଚିନ୍ତାଗ୍ରସ୍ତ ହେଲି

ଏପରି ଏକ ଗୁରୁଦାୟିତ୍ୱକୁ
କିପରି ତୁଲାଇବି ବୋଲି !
ତଥାପି
ତଥାପି, ପିଟା ଖାଇ ଶାଳରେ
ପ୍ରସ୍ତୁତ ମୁଁ ହେଲି
କିନ୍ତୁ
ଢେଙ୍ଗୁରିଆ ବଜାଇଲା
ଢେଙ୍ଗୁରା ଯେଉଁଦିନ
ତୁମେ ଆମ ରାଜା ହେଲ ବୋଲି
ଫୁଲିଗଲି ମୁଁ ସର୍ବାଙ୍ଗେ
ଗୋଟାଏ ବେଙ୍ଗଫୁଲା ପରି
କିନ୍ତୁ
ତୁମେ ଫାଟିଗଲ
ଧରାଇଲ ଛତ୍ରୀ ତୁମ
ମୁଁ ନତଜାନୁ ହେଲି
ରକ୍ତ ମୋର ଶୋଷିନେଲ
ମୁଁ ଧରାଶାୟି ହେଲି
ଅବଶ୍ୟ
ଉତ୍ତର ମୁଁ ନିଶ୍ଚୟ ପାଇଲି
ବାସ୍ତବରେ,
'ତୁମେ', କେବେହେଲେ
'ତୁମେ' ନୁହଁ ବୋଲି
ଅବଗତ ହେଲି
କେବଳ 'ହଜୁର୍' ଶବ୍ଦ ପାଇଁ
'ତୁମେ' ଖାଲି ଛଟପଟ
ହେଉଥିଲ ବୋଲି
ନିର୍ଯ୍ୟାସ ପାଇଲି ।

ଭୁଲିଗଲ ବନ୍ଧୁ ବୋଧେ
ଏବେ ଆଉ ଆନାର୍କିର ଯୁଗ ନାହିଁ
ଘୋଡ଼ା ଧରାଶାୟି କରେ ଚାଳକକୁ
ପ୍ରଶିକ୍ଷିତ ହେବା ପାଇଁ
'ରାଜ୍ୟ' ଆଜି ଭିକ୍ଷା ମାଗେ
ଶୂନ୍ୟତାର ସିଂହାସନ ପାଇଁ
ଡାକଦିଏ କୋହ କରି
'ରାଜା ନୁହେଁ'
'ରାଜା ନୁହେଁ'
କେବଳ ଜଣେ ସେବକର
ସେବା ପାଇଁ ।

ଅଜାତଶତ୍ରୁ- ବିଂଶ ଶତାବ୍ଦୀର

କେତେଦିନ ଆଉ ଚୁପ୍‌ଚାପ୍ ରହିବ ?
ଆକଣ୍ଠ କ'ଣ ଏଯାଏଁ ହୋଇନି
ତୁମର ଗରଳ ପାନ ?
ଜାଣିରଖ –
ଭାସିଯିବ ତୁମ ସ୍ୱାଧୀନତା
ଉଜୁଡ଼ିଯିବ ରାଜକୋଷ
ଆଉ କେତେଦିନ ପରେ
ନିଶ୍ଚେ ଆଉ ଗୋଟେ
ନୂଆ ଇତିହାସ ଲେଖାଯିବ
ମୁଁ ଜାଣିଛି –
ତୁମେ କଥା ଶୁଣିସାରି
ଖାଲି ତାଳିମାରି ରହିଯିବ
ଆଉ କହିବ –
"ଏ ଥାଉ ମ ସେକଥା
କାଳେ ଦୁଆର ମୁହଁରେ ମୋର
ଆତଙ୍କବାଦୀର ଗୁଳି ଫୁଟିବ" !

ରକ୍ତ କଣିକାମାନ ଛଟପଟ
ଆଜି ମୁଁ ଜବରଦସ୍ତ ଅନ୍ଧ
ଜବରଦସ୍ତ ମୂକ
ଜବରଦସ୍ତ ବଧିର
ବଞ୍ଚିରହିବାକୁ ବ୍ୟାକୁଳ ମୁଁ
ଯାହାକୁ ବି କିଣିକି
ପୁରାଉଛି ମୁଣି ଭିତରେ
ସବୁଥିରୁ ପାଉଛି ମୁଁ

ମୋ ପୋଡ଼ା ଶବର ଗନ୍ଧ ।

କେତେଦିନ ଆଉ
ନିଜେ ନିଜକୁ ଠକି ଚାଲିଥିବ
ଆଉ କହିଚାଲିଥିବ-
"ବାଟ ଛାଡ଼ି ଦିଅ
ପିଇଯାଆନ୍ତୁ ସବୁ ଅଜାତଶତ୍ରୁମାନେ
ସାତ ସମୁଦ୍ରର ଯାକର ମକରନ୍ଦ
ପୃଥିବୀ ଗୋଟାଯାକ ହୋଇଯାଉ
କଙ୍କାଳମୟ
ପ୍ରତିରୋପଣ ହୋଇଯାଉ
କେବଳ ମୋର ହୃତ୍‌ପିଣ୍ଡ
ଅବସ୍ଥାପିତ ହୋଇଯାଉଥାଉ
ଦେହରେ ମୋର ନୂଆ ନୂଆ ରକ୍ତ
ଦାନମାଝି ଏଠି କେମିତି ବଞ୍ଚିବ
ସେ କଥା କେବଳ ସରକାର ବୁଝିବ ।

ଏବେ କେତେଜଣ ଅଣ୍ଟାଭିଡ଼ିଲେଣି
ଫେରାଇ ଆଣିବେ ଷାଠିଏ ଦଶକର ବାସ୍ନା
ପୁଣି ବନ୍ଧାକୋବି ତରକାରୀ
କୁଆଡ଼େ ବାସ ଛାଡ଼ିବ !
ଭୂଇଁଚଣା ହାଣ୍ଡି ମହକିବ !!
ପଖାଳ କଂସା ବାସିବ!!!
ଏବେ ତ ମଞ୍ଜି ପରାଧୀନ
ମାଟି ପରାଧୀନ
ଘାସ ବି ପରାଧୀନ
ଗାଈ, ମେଣ୍ଢା, ଛେଳି ସମସ୍ତେ ହାଇବ୍ରିଡ୍
ଗୋବର ଖତ ଆଉ କ'ଣ ସତରେ
ଜୈବ ରହିଥିବ !!!!

ତୁମେ ଏବେ ଜଳବନ୍ଦୀ
ବିଛିନ୍ନ ହୋଇଛି ସ୍ୱାଧୀନତାର ଉଦ୍ଦେଶ୍ୟ
ମୁକୁଳିବାର ଆଉ ବାଟ ନାହିଁ
କଂସ ଦରବାରରେ ଯାଇଁ ଚାବି
ବିଷ ପିଇବାକୁ ତୁମେ ବାଧ୍ୟ
ବଟିକା ଭିତରେ ଏବେ ଚାଉଳଗୁଣ୍ଡ
ମାଛ ଦେହରେ ଫର୍ମାଲିନ୍
ପନିପରିବା ଉପରେ କପର୍ ସଲ୍‌ଫେଟ୍
ଫଳ କୋଳିମାନେ ସମସ୍ତେ
ବେନ୍‌ଯୋଇକ୍ ଏସିଡ୍ ଭିତରେ
ଯେତେ ଶୀଘ୍ର ତୁମକୁ କର୍କଟ ଗ୍ରାସିବ
ସେତେ ଶୀଘ୍ର ଅଜାତଶତ୍ରୁର
ଟ୍ରେଜେରୀ ପୁରିବ।

ଅନେକ ରୂପ, ରଙ୍ଗ ଆଉ ଢ଼ଙ୍ଗ
ଅଜାତଶତ୍ରୁର
କେତେବେଳେ ସେ
ଯୋକ, ମଲାଙ୍ଗ, ଟିଙ୍କ ତ
ଆଉ କେତେବେଳେ ଗୋଟାଏ ମୂଷିକ
କାହା କାହା କୋର୍ଟ ଉପରେ ଲାଗିଛି ତ୍ରିରଙ୍ଗା ବ୍ଲୁଚ୍ ତ
ଆଉ କାହା ଛାତରେ ଉଡୁଛି ଜାତିର ଉଢ଼ଙ୍ଗ
ଟୁଲୁଟୁଲୁ ଆଜି ଜୋକର ପେଟ
ଆକଣ୍ଠ ଟାଣିଛି ସେ ସମାଜର ରକ୍ତ
ଟିଙ୍କ, ମଲାଙ୍ଗମାନେ ହେଲେଣି ଭଣଭଣ
ମୂଷିକ ଦେଇଛି ଶାଣ ଦାନ୍ତରେ ତାର
କଣା ହୋଇଛି ଆଜି ରାଜକୋଷ
ଏକା ଏକା ବଞ୍ଚିରହିବାର
ପ୍ରବଳ ଲୋଭ ତାର

ପଥର କାନ୍ଥ ଗୋଟାକଯାକ ତାର
କରିଛି ସେ ଗାତ
ସମାଜ ଆଜି ରକ୍ତହୀନ
ପାଣିଚିଆ ଦିଶିଲାଣି ତାର ରଂଗ ।

ମୁଁ ଜାଣିଛି
କଥା ଶୁଣିସାରି
ତୁମେ ଖାଲି ତାଳିମାରି ରହିଯିବ
ଆଉ କହିବ -
ଏ ଥାଉ ମ ସେ କଥା
ମୋର କିଏ ଚିନ୍ତା କରିବ
କାଲେ ଦୁଆର ମୁହଁରେ ମୋର
ଆତଙ୍କବାଦୀର ଗୁଳି ଫୁଟିବ ।

■

ଶେଷ ସନ୍ଧ୍ୟାର ଇତିକଥା

ନୀଳ ଆକାଶର ବିଶାଳ ବପୁଟା
ସପ୍ତରଂଗୀ ସାଜିଥାଏ
ତା ଗଳାର ମାଳ ବନିଥାଏ
ଗୋଧୂଳି ବେଳାର ସେ ଇନ୍ଦ୍ରଧନୁଟା
ସମ୍ମୋହିତ ହୋଇଯାଉଥାନ୍ତି
ଆଖପାଖର, ଚାରିପଟ ଗାଁ ଗଣ୍ଡାର
କେତେଯେ କେତେ ଜନତା ।

ଅଜାଡ଼ି ହୋଇପଡୁଥାନ୍ତି
ସାତଟିଯାକ ରଂଗ
ଏକାଠି ହୋଇ, ହାତକୁ ହାତ ମିଳାଇ
ଛନ୍ଦାଛନ୍ଦି ହୋଇ, ବନ୍ଧା ବନ୍ଧି ହୋଇ
ଅଲୌକିକ ରସରେ, ରଙ୍ଗରେ
ଆଉ ଢ଼ଙ୍ଗରେ
ଆମ ଗାଁ ନଈପଠାର
ବିସ୍ତୀର୍ଣ୍ଣ ସବୁଜ ଗାଲିଚା ଉପରେ
ଅଙ୍କାବଙ୍କା ମଶାଣିର ପ୍ରଶସ୍ତ ବୁକୁରେ ।

ଫେରନ୍ତା ଗାଁ ଗୋଧନଙ୍କ
ହମ୍ବା ରଡ଼ି
ସାଙ୍ଗକୁ,
ଶୋକାତୁର ଶବବାହକମାନଙ୍କ
'ରାମନାମ ସତ୍ୟ ହୈ, ହରିନାମ ସତ୍ୟ ହୈ'
ଭଙ୍ଗ କରୁଥାନ୍ତି
ଶ୍ମଶାନର ଅବିଚ୍ଛିନ୍ନ ନୀରବତାକୁ

ସେମାନଙ୍କ ଫେଣ୍ଟା ଫେଣ୍ଟି ଶବ୍ଦର
ପ୍ରତିଧ୍ୱନିରେ
ଗାଁ ଲୋକେ ନିର୍ବାକ୍
ଗଦା ହୋଇଥାନ୍ତି
ଠା'କୁ ଠା ମେଞ୍ଚା ମେଞ୍ଚା ହୋଇ
ଆମ ଗାଁର
ଲମ୍ୱା ନଦୀବନ୍ଧ ଉପରେ।

ମୁହଁ ଅନ୍ଧାର ମାଡ଼ିଆସୁଥାଏ
ଅକାଳର ବଜ୍ର ଅନୁଭବରୁ
ଖଞ୍ଜାଯାଇଥିବା ମୋ ବାପାଙ୍କ ଯୁଇଟାରେ ଘୃତାଗ୍ନି
ସଳିତା ଉପରେ।

ଜଳିଉଠେ ସେ ହୁତୁ ହୁତୁ ହୋଇ
ବିନା ଦ୍ୱିଧାରେ
ବିନା ସଙ୍କୋଚରେ
ବିନା ବାଧା ବିଘ୍ନରେ।

ଉତ୍ତୁଙ୍ଗ ବହ୍ନିଶିଖାଗୁଡ଼ାକ
ଘନାୟମାନ ଧୂମ୍ରରାଶିର ଅବଗୁଣ୍ଠନ ସାଜି
ଟେକି ନେଉଥାନ୍ତି
ବାପାଙ୍କ ମର ଶରୀରଟାକୁ
ଆକାଶର ଅନନ୍ତ ବକ୍ଷକୁ
ଚଳା ମେଘମାଳାର ପାଲିଙ୍କି ଭିତରକୁ
ଶତ ଶହସ୍ର କଣିକା ରୂପରେ।

ବାପା ମୋର ହଜିଯାଉଥାନ୍ତି ବାରବାର
କେଉଁ ଅଦେଖା ଆକାଶର ମହାଶୂନ୍ୟରେ
ଫରଦକୁ ଫରଦ ଉଡ଼ା ବାଦଲ ରୂପରେ

ପୁଣି ବୋଧେ
ଛିଞ୍ଚି ହୋଇପଡ଼ିବା ପାଇଁ
ମାଟି ମା'ର ବକ୍ଷ ଉପରେ
ମିଶିଯିବା ପାଇଁ
ମହାସାଗରର ଅସୀମ ଗର୍ଭରେ ।

ମୋ ଅପଲକ ନୟନ ଦୁଇଟା ବିସ୍ଫାରିତ
ଭସା ବାଦଲ ଗୁଡ଼ାକୁ
ଗୋଡ଼ାଇ ଗୋଡ଼ାଇ ନିରାଶ ହେଲାପରେ
ମହାକାଶର ଅନନ୍ତ କୋଳ ଭିତରୁ
ଗୃହକୁ ଫେରିଯିବା ପାଇଁ
ଶେଷ ବାଦଲଟା ଇଙ୍ଗିତ କରେ
ମୋତେ ଫେରିବାକୁ ପଡ଼େ
ସର୍ବହରାର ମନ ନେଇ
ନିସ୍ପୃହ ଚିତ୍ତରେ
ବିଷାଦର ବଳୟ ଘେରରେ
ବିଷର୍ଣ୍ଣ ବଦନରେ ।

ଦେଖୁ ଦେଖୁ
ଆଖିବୁଜା ଅନ୍ଧାରଟା ଗିଳି ସାରିଥାଏ
ଶ୍ମଶାନ ଗୋଟାକୁ
ଗୋଧୂଳି ବେଳାର ଦୂର ଦିଗ୍‌ବଳୟକୁ
ମାଲୁଆ ଭାଇମାନଙ୍କ
ବ୍ୟବଧାନର ଶୂନ୍ୟତାକୁ!
ଚତୁର୍ଦ୍ଦିଗକୁ !!

ଖାଲି ଝିଙ୍କାରୀର ଟିଇଁ ଟିଇଁ ଶବଦ
ସାଙ୍ଗକୁ,
କଟଖାଦକମାନଙ୍କ ହୁକେ ହୁ'ର ଶୂନ

ଭାସିଆସୁଥାଏ ମନ୍ଦ ମନ୍ଦ ହୋଇ
ଆମ ଆଡ଼କୁ
ପୁଣି ଫେରିଯାଉଥାନ୍ତି
ପ୍ରତିଧ୍ୱନିତ ହୋଇ ନଈର ଆର ପଟକୁ ।

ତାରି ଭିତରୁ ଅଗ୍ନିଗର୍ଭାଗୁଡ଼ାକ
ବାଟେଇ ଦେଉଥାନ୍ତି ଆମକୁ
ସେମାନଙ୍କ ଚକମକି ଆଲୋକମାଳାରେ
ଆମ ଗାଁ ମୁଣ୍ଡ ଗୁଳାରାସ୍ତା ପଟକୁ ।

ସିନ୍ଦୁରା ଫାଟୁ ଫାଟୁ
ଭିଡ଼ି ହୋଇଯାଏ ମୁଁ ଏକା ଏକା
ଏକାଗ୍ର ଚିତ୍ତରେ
ପୁଣିଥରେ ସେଇ ଶ୍ମଶାନ ଘାଟକୁ
ମୋ ବାପାଙ୍କ ଚିତାଭସ୍ମ ନିକଟକୁ
ଯୁଇତଳର ସୁପ୍ତ ନିଆଁ ଭିତରୁ
ସାଉଁଟି ଆଣିବାକୁ
ମୋ ବାପାଙ୍କ ଜୀବନ୍ତ ଆତ୍ମାକୁ
ମୋ ବେଷ୍ଟନୀ ଭିତରେ ତାଙ୍କୁ
ବାନ୍ଧି ରଖିବାକୁ ,
ମୋ ବେଷ୍ଟନୀ ଭିତରେ ତାଙ୍କୁ
ବାନ୍ଧି ରଖିବାକୁ ,
ମୋ ବେଷ୍ଟନୀ ଭିତରେ ତାଙ୍କୁ
ବାନ୍ଧି ରଖିବାକୁ ।

■

ଗାନ୍ଧୀ-୨

ମୁଁ କ'ଣ
ସତରେ ମାଗିଥିଲି ତୁମକୁ
ଜନ୍ମଦିନରେ ମୋର
ବକ୍ତୃତା ପ୍ରତିଯୋଗିତା ?
ନା ଅନୁରୋଧ କରିଥିଲି କେବେହେଲେ
ନାମିତ କରିବାକୁ ନାମରେ ମୋର
ତୁମ ରାଜରାସ୍ତା
ଅବା ପୁଷ୍ପ ବଗିଚା ??
ମୁଁ ତ ମାଗିଥିଲି କେବଳ
ତୁମ 'ସ୍ୱାଭିମାନ'
ଆଉ
'ସ୍ୱାବଲମ୍ବୀ ହେବାର ମାନସିକତା'।

ଯାଅ-
ଫେରାଇ ନେଇଯାଅ ଆଗରୁ ମୋର
ତୁମ ବିଡ଼ାବିଡ଼ା ଧୂପକାଠିମାନଙ୍କ ନିଆଁ
ଫୋପାଡ଼ି ଦିଅ ସେଗୁଡ଼ିକ
ଦୂରଦୂରାନ୍ତକୁ
ପହଞ୍ଚିଯାଉ ସେ ସବୁ ରାଜଦରବାର ଭିତରେ
ଲିଭିଯାଉ ଶିକ୍ଷାକ୍ଷେତ୍ରରୁ
ପଚ୍ଚିନିଲାମର ବ୍ୟବସ୍ଥା
ପାଉଁଶ ହୋଇଯାଉ ସଂରକ୍ଷଣ ଆଇନି
ମରିଯାଉ 'ଭୋକ'
ଆମ ମେଧାବୀମାନଙ୍କର
ମୁକ୍ତ ହୋଇଯାଉ ଆମ ଦେଶ
ଛିଣ୍ଡିଯାଉ ଖଣ୍ଡ ଖଣ୍ଡ ହୋଇ
ବେଡ଼ିଗୁଡ଼ାକ ତା' ଗୋଡ଼ର

ଫରଫର ହୋଇ ଉଡ୍ଡୁ ସର୍ବାଗ୍ରେ
ତ୍ରିରଙ୍ଗା ଆମର।

ଧମନୀ ଭିତରର ରକ୍ତ
ନେଇଛି କେବେଠୁ ପଥରର ରୂପ
ତଥାପି ହାର ମାନିନି ଆମ ସୈନିକ
ଜାଣିନ କି
ସିଆଚିନ୍ ଚତୁର୍ଦ୍ଦିଗରେ କେବଳ
ବରଫ ପାହାଡ଼ମାନଙ୍କ ଆତଙ୍କ
କିନ୍ତୁ
ଅନନ୍ତ ଶଯ୍ୟାରେ ରକ୍ଷକ
ଧାରିଛି ସେ ଗାନ୍ଧାରୀର ବେଶ
ତଥାପି ସବୁକିଛି
କରିପାରିବାରେ ସିଦ୍ଧହସ୍ତ ସେ
କରିଛି ଧନିକ ପିତାମାନଙ୍କ
ପୁତ୍ରମାନଙ୍କୁ ବୈଦ୍ୟ
ମାସିକ ପଚାଶ ହଜାର ପାଉଣା ବାବଦକୁ
ଧାର୍ଯ୍ୟ କରିଛି ସେ ତା ପାଇଁ
ବାର୍ଷିକ କୋଟିଏ ଟଙ୍କାର ବ୍ୟବସାୟ
ବାଧ୍ୟ ବୈଦ୍ୟରାଜ
ଆଜି ଆଦେଶ ଦେଉଛି -
"ତୁମ ଗୋଡ଼ ଭାଙ୍ଗିଛି ତ ?
ଯାଅ - ତୁମେ ପ୍ରଥମେ
ମ୍ୟାଲେରିଆ ପରୀକ୍ଷା କରିକି
ରିପୋର୍ଟ ମୋ ପାଖକୁ ଆଣ"।
ଆଶ୍ଚର୍ଯ୍ୟର କଥା ଏଇଆ ଯେ -
ଚିକିତ୍ସାଳୟରେ ଏବେ
"ବ୍ୟବସାୟ ବିକାଶ ପରିଚାଳକମାନଙ୍କୁ
ନିଯୁକ୍ତି ବି ଦିଆଯାଉଛି"।

■

ହେ ପୁଣ୍ୟାତ୍ମା !

ଉଠ ଉଠ ମାତେ
ଉଠ ପୂର୍ବ ଗୌରବେ
ଆଉ ଥରୁଟିଏ ମାତ୍ର ଉଠ
ଦେଖିବ ଆସହେ
ହାରିଛି ସପନ ତୁମର
ପାଉଁଶ ହେଉଛି ଯଶ
ଏଠୁ ଏ ଯାଏଁ ମରିନି ଭୋକ...।

କେମିତି କହିବି ଲାଜ ତ ମାଡୁଛି
ମଣିଷ ପଣିଆ ପାଣିରେ ପଡ଼ିଛି
ବିକ୍ରି ହେଉଛି ଦିନକର ଶିଶୁ
ଇଂରାଜୀ ସ୍କୁଲ
ଡ଼ାକ୍ତରଖାନା
ବନିତ ଯାଇଛି ହାଟ
ଏଠୁ ଏଯାଏଁ ମରିନି ଭୋକ...।

ଦେଖିପାରିବତ ନିଶ୍ଚୟ ଦେଖ
ଏଠି ସାକ୍ଷୀ କିଣାଯାଏ
ବନ୍ଧୁକ ମୁନରେ
ମା କାନ୍ଦୁଥାଏ ଭୋଭୋ କରି
ବାପା ବେକେ ଆଜି ପୁଅ ପକାଇଛି
ପେଟ ପାଇଁ ତାର ଶକ୍ତ ଗୋଟାଏ ଚୋଟ
ଏଠୁ ଏ ଯାଏଁ ମରିନି ଭୋକ...।

ଶୋଇ ପଡ଼ିଅଛି ମା'ଟିର ସ୍ୱପ୍ନ

ଖଣ୍ଡ ବନିଛି ଅବଧାନ ଆଜି
ଆଦିଭୂମିର ସେ
ଛାତ୍ରୀନିବାସେ
ଅନ୍ତେବାସିନୀ ଗର୍ଭ ଧାରିଛି
ବେକେ ଲଗାଇଛି ଫାଶ
ଏଠୁ ଏଯାଏଁ ମରିନି ଭୋକ...।

ମାମୁଁ ଆଜି ଏଠି ପାଷାଣ ସାଜିଛି
ଦଶମାସର ସେ କନ୍ୟାରତ୍ନଠୁ
ରକତ ଝରିଛି
ସାକ୍ଷୀନାହିଁ ବୋଲି
ଗାଁ ସଭାପତି ସିଏ
ଶାଗୁଣା ପରିତା ଲକ୍ଷ୍ୟ
ଏଠୁ ଏଯାଏଁ ମରିନି ଭୋକ...।

ଇସ୍କୁଲ ମାଲିକ ହାତେ ଖଣ୍ଡା ତଲୁଆର
କଥା ନ ମାନିଲେ
ଗଡ଼ଗଡ଼ କରି ହାଣିଦେବ ସିଏ
ସ୍ୱପ୍ନ ମମିତାର ବାରଫୁଟ ତଳେ
ହାତେ ଅଛି ତାର ପେଟ୍ରୋଲ ବୋତଲ
ଅଣ୍ଟାରେ ଖୋସିଛି ଝକମକି ପଥର
ଏଠୁ ଏଯାଏଁ ମରିନି ଭୋକ
ଉଠ ଉଠ ମାତେ
ଉଠ ପୂର୍ବ ଗୌରବେ
ଆଉ ଥରୁଟିଏ ମାତ୍ର ଉଠ।

■

ପଥର ଶିଳ୍ପୀ

ଗୋଟାଏ
ମୋହଗ୍ରସ୍ତ ପୃଥିବୀର
ଅଭାଗା ପଥର ଶିଳ୍ପୀଟାଏ ମୁଁ
ଦିନ କ'ଣ
ରାତି କ'ଣ
ଜାଣିବାର ଅବକାଶ ନାହିଁକି
ଅଧିକାର ବି ନାହିଁ
ଭୋକ ଲାଗିବାକୁ ମୋତେ ମନା
ଠିକାଦାରଙ୍କ ହାତରେ ଲାଗିଛି ଏବେ
ଗୋଟାଏ ଟେଣ୍ଡର୍ ପେପର୍
ନିହାଣ ମୁଗୁରର ଠକ୍ ଠକ୍ ଶବଦ
ଅହର୍ନିଶି ଶୁଭୁଥିବା ଦରକାର
ଭେଇବାକୁ ପଡ଼ିବ ନିଶ୍ଚୟ ମତେ
ଗୋଟାଏ ପାଷାଣ ଦେହରୁ ଜୀବନ
ଠିକ୍ ନିର୍ଦ୍ଧାରିତ ଦିନ।

ମୁଁ ପଥର ଶିଳ୍ପୀଟାଏ
ମୂର୍ତ୍ତି ଭିତରେ ହଜିଯିବାର
ମୋର ଜନ୍ମଗତ ଲକ୍ଷଣ
ହଜିଯାଏ ଆପେ ଆପେ ମୁଁ
ନିହାଣ-ମୁଗୁର ମୋତେ
ବିହ୍ୱଳିତ କରେ
ପତ୍ନୀ ଗର୍ଭରେ ମୋର
ଅଙ୍କୁରୁଥିବା ଭ୍ରୂଣଟା
ତା ଭୋକ ଉତ୍ତାରିବା ପାଇଁ
ପଥର ପାଲଟେ

ସୌଭାଗ୍ୟ ଅଛିତ
ସେ ମାଟି ଖାଏ
ନ ହେଲେ
ମାଟି ତାକୁ ଖାଏ ।

ଜୀଅନ୍ତା ବିଶ୍ୱକର୍ମା
ଫୁଟିଆସୁଥାନ୍ତି ପଥର ଗର୍ଭରୁ ଧିରେ ଧିରେ
ଠିକାଦାରଙ୍କ ରକ୍ତଚାପ
ତଳମୁହାଁ ହେଉଥାଏ
ନନାଙ୍କ ଓଁକାର ଧ୍ୱନି
ବିଶ୍ୱକର୍ମାଙ୍କ ପ୍ରାଣ ପ୍ରତିଷ୍ଠା ହୁଏ ।

ମହଣ ମହଣ ଭୋଗ ଲାଗେ
ଭକ୍ତମାନଙ୍କ ପେଟପୁରେ
ନନାଙ୍କ ଘରକୁ ପାର୍ସଲଯାଏ
ଠିକାଦାରଙ୍କ ଘରକୁ ପାର୍ସଲଯାଏ
ଆୟୋଜକଙ୍କ ଘରକୁ ପାର୍ସଲଯାଏ
ସର୍ବସାଧାରଣଙ୍କ ପାଇଁ ହାଟ ବସେ
ମୁଁ କିନ୍ତୁ ବାଦ୍ ପଡ଼ିଯାଏ
ଗହଳି ଭିତରୁ
କେହିଜଣେ କହିଉଠେ
ଭଗବାନଙ୍କ କୃପା ନ ହେଲେ
ସତରେ କ'ଣ କିଏ
ଏମିତି ମୂର୍ତ୍ତି ଠିଆ କରିପାରେ !
ଗୋଟାଏ ମୋହଗ୍ରସ୍ତ ପୃଥିବୀର
ଜଣେ ଅଭାଗା ପଥର ଶିଳ୍ପୀଯାଏ ମୁଁ
ମୋର କ'ଣ
ସତରେ ଭୋକ ବୋଲି
ସେମିତି କିଛି ପ୍ରବୃତ୍ତି ଥାଏ ?

ମୁଁ, ତୁମେ, ଜୀବନ ଓ ଯୁଦ୍ଧ

ଅନ୍ତୁଡ଼ି ନିଆଁଠୁ ମଶାଣି ନିଆଁ
ମାତ୍ର 'ଓ'କର ବାଟ
ତାରି ଭିତରେ
ଛକା-ପନ୍‌ଝା, ଧସ୍ତା-ଧସ୍ତି, ହିସାବ-ନିକାଶ
ପୃଥିବୀ ବାରବାର
ଅନେକ ବାର ହୋଇଛି ରକ୍ତାକ୍ତ
ଏବେ ମୋ ସମାଧି ନିକଟରେ
ତୋ ଶବ
ତୁ ନିଶ୍ଚେ ହାରିଯାଇଛୁ
ମୁଁ ବି ନିଶ୍ଚେ ହାରିଯାଇଛି
ସରିଛି ଜୀବନ, ଯୁଦ୍ଧ, ଆଉ ମୃତ୍ୟୁର ମଉଛବ
ଆମେ ଏବେ ଦୁଇଜଣ ଜାକ
ଚିରକାଳ ଭୂତ।

ସମୟ ସାକ୍ଷୀଅଛି
ସେ ଦୁର୍ଯ୍ୟୋଧନର ରଣହୁଙ୍କାର ଶୁଣିଛି
ଆଜି ବି ନିରେଖି ଦେଖୁଛି
ହାଟରେ-ବାଟରେ
କେମିତି ଗୋଟାଏ ସଦ୍ୟଜାତ ପାଇଁ
ମା ତା'ର ନିଶବ୍ଦ ନିଲାମ ଡ଼ାକୁଛି
ନିଃସନ୍ଦେହ
ଭବିଷ୍ୟତକୁ ବି ସେ ଅପେକ୍ଷା ରଖିଛି
କାଇଁ
ସତୁରୀ ଦଶକର ସେ ସ୍ଲୋଗାନ
"ଆମେ ଦୁଇ ଆମର ଦୁଇ"

ଏ ପର୍ଯ୍ୟନ୍ତ ତ
ବାଧ୍ୟତାମୂଳକ ହୋଇପାରିଲା ନାହିଁ !
ଦେଖ -
ଆଗକୁ ଆଗକୁ କେମିତି
ଘମାଘୋଟ ଯୁଦ୍ଧର ଆଶଙ୍କା
ଘନେଇ ଘନେଇ ଆସୁଛି !!

ଏମାନେ ସମସ୍ତେ ଏବେ ପ୍ରସ୍ତୁତ
ଘୋଷଣା କରିସାରିଛନ୍ତି
ଅବିଳମ୍ବେ ନିକ୍ଷେପିବେ ମିଶାଇଲ୍
ରାଡ଼ାର ଧରିପାରିବନି ତାର ଗତି
କ୍ଷଣକେ ଧୂଳିସାତ୍ ହେବ
ସେମାନଙ୍କର ଦେଶ
ସେପଟରୁ ବି ତତ୍କ୍ଷଣାତ୍
ଶୁଭିଛି ଦୁନ୍ଦୁନାଦ
ଦେଇଛନ୍ତି ସେମାନେ ଷୋହଳ ସଲାମୀ
ପରମାଣୁ ବୋମାର ।

ମାଟି ସବୁ ସହିଛି
ସମୟ ସବୁ ଦେଖୁଛି
ନିର୍ବିବାଦେ
ଯଥେଷ୍ଟ ବଢିଛି ପାଠ
ଯୋଜନା, ଜ୍ଞାନକୌଶଳ
ପ୍ରତିରକ୍ଷା ବ୍ୟୟ, ରଣ-ପରୀକ୍ଷାଗାର
ଟ୍ୟାଙ୍କ, ଏକେ-୪୭
ଯୁଦ୍ଧ ଜାହାଜ, କ୍ଷେପଣାସ୍ତ୍ର, ସୈନ୍ୟବଳ
କିନ୍ତୁ

ବଢ଼ିପାରିନି କହିଲେ
କେବଳ ବଢ଼ିପାରିନି ଏଯାଏଁ
ଆମ ପୃଥିବୀର କ୍ଷେତ୍ରଫଳ !

ଜୀବନ ଆଜି ଜକାଜକି
ମାଟି ନିଇତି ପିଉଛି ଗରଳ
ବିଷାକ୍ତ ଥାଳିଥା ଗୋଟାକଯାକ
ତଥାପି ଛଡ଼ାଛଡ଼ି
କାହାରି ପୁରୁନି ପେଟ
ଦେଖ –
ଆଗକୁ ଆଗକୁ କେମିତି
ଘମାଘୋଟ ଯୁଦ୍ଧର ଆଶଙ୍କା
ଘନେଇ ଘନେଇ ଆସୁଛି ଦେଖ ।

■

ଭୋକ ବ୍ରହ୍ମ

ଭୋକ
ଏମିତିକା ଗୋଟାଏ ସହଜାତ ପ୍ରବୃତ୍ତି
ସେ ଜୀବିତକୁ ମାରେ
ମୃତପ୍ରାୟାକୁ ବଞ୍ଚାଏ
ସତରେ ଭୋକ ନ ଥଲେ
କାହାର କଣ ଜୀବନ ଥାଏ ?
ସେ ହିଁ ବ୍ରହ୍ମ
ଓଁକାର ଶବଦ ସେ
ଆକାରହୀନ ତାର ଦେହ
ସେ ମା'ଆ
ସେ ହିଁ ପ୍ରସବିଛି
ଭାତ, ଛାତ, ପରିଧାନ
ଗାଁ ସହର, ଦେଶ, ମହାଦେଶ, ପୃଥିବୀ
ଆଉ
ଆମ ମଙ୍ଗଳଗ୍ରହ ଜୟକରିବାର ସ୍ୱପ୍ନ ।

ଭୋକ କାହାକୁ ନାହିଁ ?
ସୂର୍ଯ୍ୟ ବି ବାରବାର ଅଡ଼ିବସିଛି
ଜାଳିଦେବ ସେ ସବୁଯାକ ଜୀବନ
ଭସ୍ମୀଭୂତ ହେବ
ଲୋଭ, ମୋହ, ମାୟାର ସଂସାର
ରହିବ କେବଳ
ମାଟି, ଗୋଡ଼ି ଆଉ ପଥର ।

ବାରବାର ଅନେକବାର
ଉଦ୍ଗାରିଛିସେ ଦାବାନଳ

ନୀଳ ଜଳରାଶି ସବୁଯାକ ହୋଇଛି ବାଷ୍ପ
ଗଡ଼ିଆ-ପୋଖରୀ
ସାଗର, ମହାସାଗରରୁ ବି
ଫଡ଼ା ଫଡ଼ା ହୋଇ ଫାଟିଛି ପଙ୍କ
ବନ୍ଧ ଚାରିପଟେ କେବଳ
ଛଟପଟ ଜୀବନମାନଙ୍କ
ପୋଚାଗନ୍ଧ
ଭୋକକୁ ଯିଏ ଗ୍ରାସିଛି
ସେ ହିଁ କେବଳ ଜିତିଛି
ଦେଖ -
ପାଣି ନ ହେଲା ନାହିଁ
ମାଗୁର କେମିତି ଏବେ
ଚାରିଫୁଟ ମାଟିତଳେ ବି
ବଂଚିବା ସିଖିଯାଇଛି ।

ନା'
କଦାପି ହେଲେ ହାରିଯାଇନି ସେ
ଏବେ ବି ଆଶା ରଖିଛି
ଦିନେ ନା ଦିନେ ନିଶ୍ଚେ
ଅଜାଡ଼ି ହୋଇପଡ଼ିବ ବାଦଲ
ପୁଣି ପଙ୍କରୁ ପଦ୍ମ ଫୁଟିବ
ତୁଠ ପଥର ସଂଧାରେ
ଅଇଁଠା ପଡ଼ିବ
ତା ପେଟ ପୁରିବ
ସେ ପହଁରିବ
ଯୁଦ୍ଧ କରିବ ସେ
ତା ଡ଼ିମ୍ବରୁ ଛୁଆ ଫୁଟାଇବ
ସେ କିରି କିରି ହୋଇ ହସିବ ।

ବାପାଙ୍କୁ ବି ଦେଖ ଆମର
ସେ କ'ଣ ସତରେ ଆଜି ଥାନ୍ତେ !
ଡ଼ାକ୍ତରଙ୍କ ଘୋଷଣାରୁ
ଯାହା ଜଣା ପଡୁଥିଲା ସେଦିନ
ଆଜିହିଁ ପଡ଼ିଥାନ୍ତା ତାଙ୍କର
ବର୍ଷିକିଆ ଦିନ
କିନ୍ତୁ
ତାଙ୍କର ସେଇ ଗୋଟିଏ ଥିଲା ସ୍ୱପ୍ନ
ଗୋଟିଏ ଜିଦ
ଗୋଟିଏ ଲକ୍ଷ୍ୟ
ଗୋଟିଏ ଭୋକ
ସେ ନିଶ୍ଚୟ ଦେଖିକି ମରିବେ
ପଣନାତିର ମୁହଁ ।

ଭୋକ
ଏମିତିକା ଗୋଟାଏ ସହଜାତ ପ୍ରବୃତ୍ତି
ସେ ଜୀବିତକୁ ମାରେ
ମୃତପ୍ରାୟକୁ ବଞ୍ଚାଏ
ଶତରେ ଭୋକ ନ ଥିଲେ
କାହାର କ'ଣ ଜୀବନ ଥାଏ ?
ସେ ହିଁ ବ୍ରହ୍ମ
ଓଁକାର ଶବଦ ସେ
ଆକାରହୀନ ତାର ଦେହ
ସେ ମା'ଆ
ସେ ହିଁ ପ୍ରସବିଛି
ଭାତ, ଛାତ, ପରିଧାନ
ଗାଁ, ସହର, ଦେଶ, ମହାଦେଶ, ପୃଥିବୀ
ଆଉ
ଆମ ମଙ୍ଗଳଗ୍ରହ ଜୟ କରବାର ସ୍ୱପ୍ନ ।

■

ଜଣେ ଆହତ ନାଗରିକର ନିଃଶବ୍ଦ ଆର୍ତ୍ତନାଦ

କେଉଁଠି ନ ଥିଲା
ମୃତ୍ୟୁ ସେଦିନ ?
ବାଟରେ, ଘାଟରେ
ମେଳାରେ, ମଉଛବରେ
ସ୍କୁଲରେ, କଲେଜରେ
କବାଟରେ, ଝରକାରେ
ଚଟାଣରେ, ପଲଙ୍କରେ
ରୋଷେଇ ଘରେ, ପନିପରିବା ଦେହରେ
ଭାତ ଥାଳିରେ
ସ୍ପର୍ଶରେ
କଥାରେ
ଆଉ ପବନରେ ବି !

ବର୍ତ୍ତିନଥିଲେ ବି
ବ୍ରହ୍ମା, ଯୀଶୁ, ଆଉ ଆଲ୍ଲାମାନେ
ମନ୍ଦିର, ମସ୍‌ଜିଦ୍, ଗୁରୁଦ୍ୱାର
ସମସ୍ତେ ଆନିର୍ଦ୍ଧିଷ୍ଟ କାଳ
ଅଣସରରେ
ମଶାଣି, କର୍ବସ୍ଥାନ
ସବୁ ଏକାକାର
ପୂଜକ, ମୂଲ୍‌ବୀ, ଫାଦର
ମମସ୍ତେ ବାକ୍‌ହୀନ
ମରି ଯାଇଥିଲେ
ରାଜା, ପ୍ରଜା, ଘାତକ ଆଉ ମଶାଣି ରକ୍ଷକ ବି
ଗଙ୍ଗାଜଳ ପାଲଟି ଯାଇଥିଲା

ହାରି ଯାଇଥିବା ଜୀବନ ମାନଙ୍କ
ଭାସମାନ ଶ୍ମଶାନ
ସେଦିନ ପରା
ସବୁ ମାଟିର ଶ୍ମଶାନ ମାନେ
ହାତ ଟେକି ଦେଇଥିଲେ !
କାହିଁକି ହୋ ଏବେ ଆଉ
ଏତେ ବଡ ବଡ
ନଭଶ୍ଚୁମ୍ବୀ ପାଚେରୀ ମାନଙ୍କ ପରିକଳ୍ପନା
ତୁମ୍ଭ ଆମମାନଙ୍କ ମଧ୍ୟରେ ?
ଆମ ସମସ୍ତଙ୍କୁ ପରା
ସେଦିନ ଶାଗୁଣା, ବିଲୁଆମାନେ
ପ୍ରତ୍ୟାଖ୍ୟାନ କରିଦେଇଥିଲେ
ଭୀତତ୍ରସ୍ତ ହୋଇପଡିଥିଲେ
ସେମାନେ କାଳେ
ଅବିଶ୍ୱାସୀ ମଣିଷ ରୋଗ
ସେମାନଙ୍କୁ ଆକ୍ରାନ୍ତ କରିଦେବ !
ଛି,
ଛି ତୁମ୍ଭ ପଶାକାଠି ମାନଙ୍କୁ ଛି !
ବନ୍ଦକର ଏବେ ତୁମ୍ଭ
କମାଣ ମାନଙ୍କର ଗର୍ଜନ
ବନ୍ଦକର ପରମାଣୁ ବୋମାର ଧମକ
ସବୁ ସାଧାରଣ ମଣିଷମାନେ ତ
ମରି ସାରିଲେଣି
ଏବେ ଟିକିଏ
କୁକୁର, ମାଙ୍କଡ ମାନଙ୍କୁ
ବଂଚିବାକୁ ଦିଅ ।
ଦେଖ
ତୁମ୍ଭ ନିଜର ଡି.ଏନ୍.ଏ. ବଂଚିରହିଲେ ସିନା
ପୁନର୍ବାର ସଭ୍ୟତା ଗଢ଼ିଉଠିବ ! ■

ପ୍ରତିଦାନ

ତୁମେ ଯାହାସବୁ ଦେଖିଛ
ମୁଁ ବି ସେସବୁ ଦେଖିଛି
କିନ୍ତୁ
ତୁମ ଆଉ ମୋ ବୁଝିବାରେ
ଅନ୍ତର ବୋଧହୁଏ
କିଛି ଟା ଥାଇପାରେ ।

ମୁଁ ଯାହାସବୁ ବୁଝିଛି
ସେସବୁ ଲିପିବଦ୍ଧ
କରିଦେବାକୁ ଚାହିଁଛି
କିନ୍ତୁ
ଏବେ କାହିଁକି
କେତେଗୁଡାଏ କଂଚା
ତଥ୍ୟମାନଙ୍କ ସମୁଦ୍ର ଭିତରୁ
କିଛି କିଛି ନିଷ୍କର୍ଷ
ବାହାର କରିବା ପାଇଁ
ଶକ୍ତି ସଂଚାର କଲାବେଳକୁ
ବାରବାର ମୁଁ ହାରିଯାଉଛି
ବୋଧହୁଏ
ଜୀବନ ଏବେ ମୋର ଅତିକ୍ରାନ୍ତ
ତଥାପି
ଫେରସ୍ତ କରାଇବାକୁ ପଡିବ
ମୋତେ କିଛି ନା କିଛି
କାହିଁକି ନା
ମୁଁ ଗୋଟାଏ ଋଣୀ ମଣିଷ ।

ମୋଟାମୋଟି ଭାବରେ
ସମୟକୁ କେବେହେଲେ ବି
କରିନି ମୁଁ ଅପଚୟ
ତଥାପି ମୋତେ ଅଗ୍ରସର
ହେବାକୁ ହିଁ ପଡିବ
ପ୍ରତିଦାନ ମୋତେ
ବାଢ଼ିବାକୁ ହିଁ ହେବ
କାହିଁକି ନା
ସମାଜ ଆମକୁ
ଯଥେଷ୍ଟ କିଛି ଦେଇଛି
ତାକୁ କାଣିଚାଏ ବି
ଫେରାଇବାକୁ ହେଲେ
ଦୌଡ଼ିବାକୁ ପଡିବ ଆମକୁ
Miles
and Miles... and Miles... and Miles

■

ଶୁଭକାମନା

ବଦଳିଛି ସମୟ
ବର୍ଷ, ମାସ, ଦିନ, ଦଣ୍ଡ
ଆସିଛି ଅନେକ ଥର ନୂଆବର୍ଷ
ପୁରୁଣା ହୋଇଛି
କ୍ୟାଲେଣ୍ଡର ପରେ କ୍ୟାଲେଣ୍ଡର
ତୁମେ ମୋ ପାଇଁ
ଶୁଭ ମନାସିଛ
ମୁଁ ବି ତୁମପାଇଁ ଶୁଭ ମନାସିଛି
କିନ୍ତୁ
କାହିଁ ଏଯାଏଁ ତ
ଯୁଦ୍ଧର ଅବସାନ ଘଟିନି।

BLACK EAGLE BOOKS

www.blackeaglebooks.org
info@blackeaglebooks.org

Black Eagle Books, an independent publisher, was founded as a nonprofit organization in April, 2019. It is our mission to connect and engage the Indian diaspora and the world at large with the best of works of world literature published on a collaborative platform, with special emphasis on foregrounding Contemporary Classics and New Writing.

www.ingramcontent.com/pod-product-compliance
Lightning Source LLC
Chambersburg PA
CBHW020531080526
44583CB00013B/825
* 9 7 8 1 6 4 5 6 0 0 9 3 0 *